Theater spielen

Texte und Materialien für den Unterricht

Theater spielen

Praktische Spiele und Übungen

Von Anja Abele unter Mitarbeit
von Kerstin Sonnenwald

Reclam

RECLAMS UNIVERSAL-BIBLIOTHEK Nr. 15095
2024 Philipp Reclam jun. Verlag GmbH,
Siemensstraße 32, 71254 Ditzingen
Gestaltung: Cornelia Feyll, Friedrich Forssman
Druck und Bindung: Esser printSolutions GmbH,
Untere Sonnenstraße 5, 84030 Ergolding
Printed in Germany 2024
RECLAM, UNIVERSAL-BIBLIOTHEK und
RECLAMS UNIVERSAL-BIBLIOTHEK sind eingetragene Marken
der Philipp Reclam jun. GmbH & Co. KG, Stuttgart
ISBN 978-3-15-015095-5

Auch als E-Book erhältlich

www.reclam.de

Inhalt

Teil III: Einen guten Schluss gestalten

Anhang

Einleitung

Wenn wir von »Theater spielen« sprechen, impliziert dieser Begriff durch das »Spielen« eine Tätigkeit, die ohne Zweck, nur zum Vergnügen und aus Freude an ihr selbst ausgeführt wird.[1] Mit dem Wort »Theater« wird außerdem eine Bühne und meist auch eine Aufführung assoziiert. Hierbei erstreckt sich die Bandbreite in der heutigen Praxis in Schul- und Laienspielgruppen von der kleinen Werkstattschau bis zur großen, öffentlich beworbenen Aufführung, denn »Theater gespielt« wird in allen Altersgruppen, in bestimmten thematischen Kontexten oder Theatergenres, in verschiedenen pädagogischen Einrichtungen und mit unterschiedlichen Zielen. In welcher Form auch immer: Wer mit dem »Theater spielen« beginnt, wird merken, dass es gar nicht so einfach ist, »ins Spielen« zu kommen und erst recht nicht, den Prozess hin zu einer Präsentation »spielerisch« zu gestalten.

Traditionelle Erwartungen und Klischeebilder, die auf dem Auswendiglernen von Texten, dem Verteilen und Aneignen von Rollen und einer klassischen Bühnensituation basieren, bilden oft eine Hürde. Ich möchte mit diesem Band eine Theaterpädagogik beschreiben, die sich nicht primär darauf konzentriert, einen Stücktext auf Rollen zu verteilen und eine Gruppe auf das entsprechende Umsetzen auf der Bühne zu trainieren. Das Buch vermittelt einen spielerischen Zugang zum Theater, der Mut zum Ausprobieren und Improvisieren weckt. Im besten Fall regt es die Spielenden dazu an, eine Rolle oder eine Geschichte selbst zu

1 Vgl. Eintrag »spielen«, in: *Duden*, www.duden.de/rechtschreibung/spielen (Stand: 12. 6. 2024).

entwickeln, und bietet ihnen elementare Fähigkeiten, diese füllen zu können. Die Herangehensweise an das »Theater spielen« ist, wie ich sie im Folgenden beschreibe, an einem gemeinsamen Prozess interessiert, innerhalb dessen sich alle Beteiligten mit ihren Ideen und Vorstellungen einbringen.

Das schließt nicht aus, dass dieser Prozess einer Planung und Steuerung bedarf. Wie eng diese Lenkung ist und sein muss, hängt vermutlich vom zeitlichen Rahmen und der Zusammensetzung, dem Kontext, der Gruppe und der Produktion ab. Davon unabhängig durchläuft dieser Prozess verschiedene Phasen, die es sowohl innerhalb einer Theatereinheit (z. B. einer Stunde) als auch über den kompletten Probenzeitraum hinweg (z. B. ein Schuljahr) gibt.

Das Buch ist so strukturiert, dass man sowohl die langfristige Probenstruktur wie auch die kurzzeitige Einzeleinheit über die Kapitel hinweg gut aus den Spielen und den Übungen aufbauen kann. Im Prinzip beginnt beides mit dem Kennenlernen und Aufwärmen. Dann folgt eine Vertiefungsphase, die entweder den thematischen Schwerpunkt der Stunde bilden kann (z. B. Statusübungen) oder auch in der Hinführung zu einer Stückentwicklung den methodischen Schwerpunkt der gesamten Probenphase (z. B. Tanz). Für eine runde Theatereinheit findet in beiden Fällen am Ende eine Art Abschluss statt. Im Kleinen kann das eine Entspannung sein und im Großen die Reflexion der gemeinsamen Arbeit. Insgesamt bietet die vorliegende Auswahl an bewährten wie auch neuen Spielen und Übungen im besten Fall eine Starthilfe und eine Art handwerkliche Grundlage für den Einstieg in die gemeinsame Theaterarbeit.

In die Auswahl der Übungen ist die zunehmend intermediale Herangehensweise[2] eingeflossen, die sich in heutigen Theaterformen abbildet. Das betrifft in diesem Buch nicht unbedingt die Nutzung von Medien wie z. B. Audioeinspielungen oder Videoprojektionen, sondern vielmehr den Aspekt der spartenübergreifenden Zusammenarbeit. Egal, ob es sich um eine Theater-AG, den Unterricht in Darstellendem Spiel, einen Literatur- und Theaterkurs oder eine Theater-Laiengruppe handelt, der Theaterraum bietet ein Experimentierfeld, in dem sich verschiedene Kunstformen annähern und bereichern können. So finden sich auch in diesem Band Übungen, die aus der Bildenden Kunst oder der Performance kommen oder sich mit dem Tanz überschneiden. Manche Anleitungen sind der Meditation und dem Yoga entnommen, um über deren Fokus auf Körperwahrnehmung und Achtsamkeit zu einem körperorientierten, ganzheitlichen Theatertraining hinzuführen.

Ein Blick in die Kapitel

Teil 1 der Sammlung beginnt in Kapitel 1.1 »Kennenlernen« mit praktischen und einfachen Spielen zum gegenseitigen Beschnuppern, Namenlernen und Ankommen in der Gruppe. Die Spiele dieser Phase holen ab und führen in die gemeinsame Theaterarbeit ein.

2 Vgl. Chiel Kattenbelt, »Intermediality in Theatre and Performance: Definitions, Perceptions and Medial Relationships«, in: *Cultura, Lenguaje y Representación / Culture, Language and Representation* 6 (2008) S. 19–29, https://core.ac.uk/download/pdf/39085592.pdf (Stand: 12. 6. 2024).

In Kapitel I.2 »Zum Ensemble werden« soll ein gemeinsames Verständnis dafür entstehen, dass Theater ein respektvolles und kooperatives Zusammenspiel der verschiedenen Gruppenmitglieder ist. Diese Phase nutze ich in der Regel, um die Gruppe besser kennenzulernen und mir konkrete Gedanken über die Umsetzung der anstehenden Produktion zu machen sowie die Schwerpunkte des weiteren Probenzeitraums zu setzen.

Die Spiele und Übungen von Kapitel I.3 »Aufwärmen« stimmen Kopf und Körper auf die Theaterarbeit ein, wobei die Gruppe hier spielerisch in die Auseinandersetzung mit Körper und Raum eingeführt wird.

Die Mitglieder der Theatergruppe lernen in diesem Kapitel drei wichtige theaterpädagogische Grundprinzipien kennen: Die Ausgangsposition »Theaterstand«, den »Energiekreis« und den »Raumlauf«.

Der folgende Teil II differenziert sich in verschiedene Themenbereiche aus: Status, Improvisation und Tanz. Die Spiele und Übungen der Unterkapitel bieten dadurch Impulse, mit denen sich innerhalb der Probeneinheiten oder während einer ganzen Phase Schwerpunkte legen lassen. Die Gruppe kann damit z. B. gezielt über den Status an einem Aufeinandertreffen verschiedener Bühnencharaktere arbeiten, mittels Improvisationsaufgaben erste Spielimpulse herauslocken oder über tänzerische Elemente eine Choreografie erarbeiten.

In den Kapiteln II.2 und II.3 richten sich die enthaltenen Anregungen an Gruppen, die mit Sprache und einer Textvorlage arbeiten möchten oder eine Stückentwicklung planen. Die explizite Auseinandersetzung mit einer Textvorlage oder mit konkreten Herangehensweisen an eine

Stückentwicklung wird jedoch ausgeklammert, da dies den Umfang des Buches sprengen würde.

In den Probenphasen von Teil II wird insgesamt klar, dass »Theater spielen« auch Fähigkeiten und Fertigkeiten beinhaltet, an denen gezielt gearbeitet werden kann. In den Kapiteln II.4–6 sind Übungen für den finalen Teil einer Produktion gesammelt, z. B. um eine Gruppe zu einer Präsentation zu begleiten.

Teil III bietet die verdiente Entspannung nach der Arbeit und darüber hinaus allerlei Anregungen, wie der gemeinsame Prozess der Gruppe gut abgerundet werden kann – sowohl innerhalb einer Probeneinheit als auch nach dem »großen Ganzen«, wenn der sprichwörtliche Vorhang gefallen und der Applaus verklungen ist.

Aufbau der Spiele und Übungen

Innerhalb der Kapitel können Übungen additiv oder als Bausteine progressiv aufeinander aufbauend eingesetzt werden. Die dargestellten Varianten einer Übung ermöglichen die Wiederholung oder Steigerung über mehrere Probeneinheiten hinweg. In der Legende sind die empfohlene Gruppengröße wie auch benötigte Hilfsmittel angegeben. Ich habe versucht, die Komplexität in ein bis drei Kreuzen von ☒☐☐ bis ☒☒☒ anzugeben, so dass je nach Gruppen auch ohne Altersempfehlungen eine geeignete Auswahl getroffen werden kann. Es ist vermutlich in der Regel so, dass unerfahrene oder jüngere Gruppen eher mit Komplexität ☒☐☐ bis ☒☒☐ starten sollten, während geübtere Gruppen durchaus mit Niveau ☒☒☒ klarkommen und hier die richtige Herausforderung finden können. Generell bezeichne ich Anleitungen, die gezielt Fähigkeiten und Fertigkeiten trainieren, als Übungen, wobei der Übergang von den Spielen her fließend ist.

Die Schlagworte in der Legende helfen, die mögliche Ausrichtung der Spiele und Übungen im Blick zu behalten. Sie stellen einen Pool dar, aus dem die Spielleitung für die Gruppe und zum Schwerpunkt passend eine Auswahl zusammenstellen kann. Es ist sinnvoll, die Lieblingsspiele der Gruppe auszuloten und diese immer wieder als Pause oder Belohnung einzubauen. Grundsätzlich hilft Wiederholung auch dabei, dass physische Ausführungen in das Körpergedächtnis übergehen und präziser werden. Anfänglich Ungewohntes, wie z. B. der »Theaterstand«, fühlen sich mit Routine gewohnter an und die Hemmschwelle sinkt. Der Fortschritt der Gruppe und die Weiterentwicklung werden im Bereich der Stimme etwa an zunehmender und angemessener Lautstärke sichtbar. Natürlich ist es erlaubt und sogar erwünscht, mit der Gruppe eigene Varianten der Spiele zu erfinden. In meiner eigenen theaterpädagogischen Praxis widme ich im Stückentwicklungsprozess z. B. Stimmübungen so um, dass Textbausteine aus den Rollentexten hineingenommen werden oder sich aus den Spielen heraus Szenenprinzipien entwickeln. Auch dazu möchte ich gerne ermutigen und habe entsprechende Anregungen als Tipps unter die Anleitungen notiert.

Die Spielleitung

Je nach Theatergruppe kommen die Gruppenmitglieder gleichberechtigt zusammen oder finden sich über eine Initiativperson, die zum entsprechenden Theaterangebot einlädt. Die postmoderne Entwicklung hat verschiedene Partizipationsmodelle hervorgebracht und Theater muss, vor allem im Laienkontext, nicht mehr unbedingt hierarchisch sein, jedoch führen demokratische oder kollektive Entscheidungen oft zu langen Aushandlungsprozessen. Je näher die Aufführung rückt, desto wichtiger ist es, schnelle Entscheidungen und konkrete Ansagen treffen zu können.

Aus meiner Erfahrung ist es hilfreich, wenn eine Spielleitung die Gestaltung einer Theatereinheit übernimmt und die Spiele bzw. Übungen mit klaren Ansagen vorbereitet. Gibt es keine festgelegte Leitung, kann die Spielleitung beispielsweise pro Einheit durchwechseln. In den Kreisspielen ist es ratsam, als Spielleitung die Übungen selbst mitzumachen oder bei benötigter gerader Partneranzahl einzuspringen. Vor allem am Anfang, wenn z. B. noch schüchterne Neulinge dabei sind, sollte niemand Publikum sein. Manchmal kann es sinnvoll sein, als Spielleitung die ersten Runden mitzumachen und sich dann zur Beobachtung und Korrektur an den Rand zu stellen, besonders bei den Raumläufen.

Kompliziert klingende Anleitungen habe ich mit Skizzen veranschaulicht, dennoch können gerade körperliche Übungen und Bewegungsabfolgen beim Lesen manchmal kompliziert erscheinen, wenn man sie noch nie gemacht hat. Daher noch ein Rat am Ende: Am besten vorher selbst einmal ausprobieren, denn eine flüssige Anleitung trägt auch zum Flow der Stunde bei!

Rahmenbedingungen

Damit die Anleitungen aus diesem Buch funktionieren können, sind kaum besondere Anforderungen nötig.

Entscheidend für die mögliche Gruppengröße ist oft die Raumgröße – ein Raumlauf mit 30 Personen ist nur dann konzentriert möglich, wenn jedes Gruppenmitglied seinen Weg gehen kann, ohne an jemandem anzustoßen. Übungen wie Kreisspiele dauern in großen Gruppen viel länger und strapazieren auch bei einigermaßen konzentrierten Gruppen die Geduld. Ist es nicht möglich, z. B. durch Teilung die Gruppe auf unter 30 Mitglieder zu verkleinern, empfehle ich die Spiele und Übungen, bei denen möglichst alle gleichzeitig beschäftigt sind – einige davon sind mit entsprechender Gruppengröße markiert, dennoch erfordern auch diese bei entsprechender Gruppengröße eine gewisse Disziplin.

Eine wichtige Voraussetzung für den Probenraum ist es, für einen sauberen Boden zu sorgen, auf den man sich gerne legen oder setzen kann, und zu Beginn der Theatereinheit genügend freien Platz zu schaffen, indem z. B. Bestuhlung und Tische in einem möglichst effizienten System weggeräumt werden. Für eine Bühnensituation kann eine ruhige, einfarbige Rückwand hilfreich sein. Ich habe meist ein normales Klassenzimmer zur Verfügung, zur Nutzung als Theaterraum sind schwarze Vorhänge ringsum sehr unterstützend. Alternativ kann auch ein aufgehängtes, großes, schwarzes Tuch gute Dienste leisten. Falls weitere Hilfsmittel benötigt werden, was nur in geringem Maße der Fall ist, finden sie sich in der Legende.

Ich halte es grundsätzlich für wichtig, am Ort des Theaterspielens einerseits eine ruhige Atmosphäre herstellen zu können, in der Energie und Konzentration möglichst im Raum gehalten werden. Andererseits gilt es auch zu beachten, dass einige Sprechübungen laut werden können und bei körperlichen Übungen schon mal der Boden bebt – auch das ist ein Kriterium für die Wahl eines geeigneten Probenraumes.

Spielformen

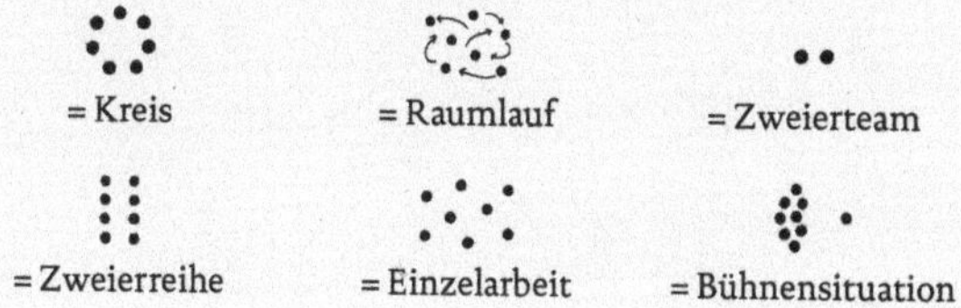

Teil 1

Miteinander anfangen

1 Kennenlernen

Wenn eine Theatergruppe in neuer Zusammensetzung startet, treffen alte Hasen auf Neulinge, bekannte Gesichter auf unbekannte Gesichter und Neugier auf Erwartung. In dieser aufregenden Phase geht es vor allem darum, Nervosität und Unsicherheit zu nehmen, die Namen zu lernen, die Spielleitung oder das Organisationsprinzip der Gruppe kennenzulernen, Distanz abzubauen, gemeinsam zu lachen und – natürlich – »ins Spielen« zu kommen.

Es empfiehlt sich, die Namensspiele über mehrere Einheiten zu verteilen, so entsteht durch die Wiederholung der Namen Sicherheit bei allen Beteiligten. Alle weiteren Spiele dieses Kapitels können frei kombiniert werden.

Blick-Kreis

#Kennenlernen #Präsenz #Wahrnehmung
Gruppengröße: 2–20 · *Komplexität:* ☒☒☐
Anforderungen Raum/Ausstattung: keine

Die Spielleitung beginnt und sendet einen deutlichen, länger gehaltenen Blick in die Augen der neben ihr stehenden Person. Diese nimmt den Blick deutlich an, indem sie ihn fest erwidert und sendet ihn dann im Kreis in die vorgegebene Richtung weiter. Meist ist es schön, eine zweite Runde anzuhängen, in der die Blickkontakte zeitlich ausgedehnt werden. Auch ein bis zwei Runden in die entgegengesetzte Richtung machen Sinn, es darf bei diesem Spiel etwas dauern und es gehört zur Übung auch dazu, die Ruhe auszuhalten.

Variante:
Wenn das gelingt, kann der Blick in weiteren Runden quer durch den Kreis geschickt werden, wobei die annehmende Person mit einem ausgesprochenen »GUT« die Annahme bestätigt und dann selbst weitersendet. Der gesendete »Blick« kann hier schnell verloren gehen, daher ist eine deutliche Annahme hilfreich, das »GUT« kann aber z. B. auch durch deutliches Blinzeln oder Nicken oder ein Codewort nach Wahl bestätigt werden.

Tipp:
Am schönsten ist das Spiel, wenn es gelingt, dass es mucksmäuschenstill dabei ist und sich alle auf die Blicke konzentrieren können.

Blick in die Runde

#Gruppe #Namen
Gruppengröße: 2–30 · *Komplexität:* ☒☐☐
Anforderungen Raum/Ausstattung: keine

Die Vorstellung beginnt, indem reihum alle Gruppenmitglieder ihren Namen einmal deutlich nennen, damit alle Namen einmal ausgesprochen und gehört wurden. Wer die erste Runde begonnen hat, »schickt« nun den eigenen Namen mit Blickkontakt gezielt zu einer anderen Person im Kreis. Diese bedankt sich mit einer kleinen Verbeugung und sagt »Hallo … (Name)« und schickt nun ihrerseits den eigenen Namen einer weiteren Person im Kreis zu. Die Spielleitung achtet darauf, dass alle drankommen.

Chaos mit Bällen

#Kennenlernen #Namen #Präsenz #Wahrnehmung
Gruppengröße: 5–30 · *Komplexität:* ☒☒☒
Anforderungen Raum/Ausstattung: 5–10 Tennis- oder Jonglierbälle, 1 anderer Ball z. B. andere Farbe oder Größe

Das Chaos baut sich ganz gemächlich auf, indem man mit einem der Tennisbälle startet. Wer beginnt, sagt den eigenen Namen und wirft ihn zu einer weiteren Person im Kreis, bis alle einmal den Ball hatten. Wichtig ist, dass man sich merkt, zu wem man wirft. Am Ende geht der Ball zur ersten Person zurück. An dieser Stelle kann man nochmal die Chance zum Nachfragen geben, falls doch nicht alle Namen aus der ersten Wurfrunde präsent sind.

Die soeben festgelegte Wurfreihenfolge wird nun mehrmals exakt wiederholt, wobei man jetzt vor dem Wurf den Namen der Person ruft, zu der man werfen wird.

Nun beginnt das Chaos: Die Spielleitung gibt nach und nach die weiteren Bälle in die eingeübte Abfolge hinein, so dass sich die Flugbahnen der Bälle im Kreis kreuzen. Nun wird es wirklich wichtig, dass die Personen, die fangen sollen, per Namensruf vorgewarnt werden. Wenn Reihenfolge und Namen sitzen, kann man unterbrechen und den andersartigen Ball in der Rückwärtsreihenfolge laufen lassen. Wenn auch das gelingt, kommen die vorwärtslaufenden Tennisbälle wieder zusätzlich hinzu.

Variante 1:
Man kann im Kreis eine zweite Reihenfolge mit einem weiteren markanten Ball etablieren und zusätzliche Impulse

z. B. über einen Ball, der im Kreis rechtsherum läuft, setzen. Hier zielt es darauf ab, die Herausforderung zu suchen: Wie viele Impulse schafft die Gruppe?

Variante 2:
Als Steigerung kann die Gruppe den Kreis auflösen und sich kreuz und quer durch den Raum bewegen, die Bälle laufen weiter.

Tipp:
Bei der Wahl des Raumes auf tiefhängende Lampen, Beamer etc. achten.

Erster Auftritt

#Namen #Präsenz
Gruppengröße: 5–20 · *Komplexität:* ☒☐☐
Anforderungen Raum/Ausstattung: keine

Jedes Gruppenmitglied hat die Aufgabe, reihum einmal in den Kreis hineinzutreten, dort den eigenen Namen zu sagen und reihum allen in die Augen zu sehen, bevor der Schritt zurück in die Kreislinie erfolgt. Die anderen entgegnen den Augenkontakt und applaudieren nach der Namensnennung. So begrüßt die Gruppe jedes Mitglied beim »ersten Auftritt«.

•• Geschichte zu deinem Namen

#Kennenlernen #Namen
Gruppengröße: 2–20 · *Komplexität:* ☒☒☐
Anforderungen Raum/Ausstattung: keine

Jedes Gruppenmitglied erzählt dem zugeteilten Gegenüber, was es über den eigenen Namen weiß und wie es zu ihm steht (Warum habe ich diesen Namen bekommen? Was bedeutet er? Mag ich ihn oder nicht?), die Spielleitung gibt hierfür jeweils eine Minute Zeit. Wer keine Informationen dazu hat, darf spekulieren (z. B. Ich glaube, meine Oma wollte, dass …).

Die Zweierteams stellen sich nun mit den gemerkten Informationen zum Namen gegenseitig in der Runde vor. Hierfür kann eine Bühnensituation hergestellt werden, indem die vorzustellende Person im Zentrum sitzt und die erzählende Person dahinter steht. Je nach Gruppengröße kann die Erzählung z. B. auf 20 Sekunden oder drei Aspekte limitiert werden.

Variante:
Eine nette Unwahrheit einbauen, das Publikum errät diese.

Tipp:
Ist besonders spannend in Gruppen mit verschiedenen kulturellen Hintergründen.

Herzblatt

#Kennenlernen #Namen
Gruppengröße: 5–30 · *Komplexität:* ☒☐☐
Anforderungen Raum/Ausstattung: Trennwand (improvisiert)

Alle Mitglieder teilen sich in zwei Gruppen auf und verteilen sich in die Raumhälften. Die Spielfläche wird durch eine Mauer, z. B. einen Pappkarton oder einen aufrechtstehenden Tisch, getrennt. Beide Gruppen wählen jeweils eine Person aus, die – ungesehen von der anderen Gruppe – vor die Trennwand tritt. Wichtig ist vor allem, dass die beiden ausgewählten Personen nicht sehen, wer sich auf der anderen Seite positioniert hat. Wie bei der Show *Herzblatt* wird die Mauer entfernt bzw. die beiden Gruppenmitglieder treten hervor, danach müssen sie so schnell wie möglich den Namen des anderen sagen. Wer schneller ist, kann einen Punkt sammeln.

Da die Gruppe jedes Mal still und leise aushandeln muss, wer nach vorne treten darf, ergibt das gerade bei jüngeren Gruppen eine schöne kooperative Herausforderung.

Namenklatsche

#Körper #Konzentration #Namen #Reaktion
Gruppengröße: 5–20 · *Komplexität:* ☒☒☐
Anforderungen Raum/Ausstattung: Zeitung

Für dieses Spiel sollten die Namen jeweils bereits bekannt sein, aber noch nicht zu geläufig. Eine Person steht in der

Mitte und hat eine länglich aufgerollte Zeitung in der Hand. Die Spielleitung beginnt damit, einen Namen aufzurufen. Die Person in der Mitte muss nun möglichst schnell versuchen, die Beine der aufgerufenen Person mit der Zeitung zu berühren, bevor diese einen nächsten Namen aufruft. Gelingt dieses »Abklatschen« rechtzeitig, muss die aufgerufene Person in die Mitte und darf abklatschen.

Variante:
Wenn es nicht mehr nötig ist, »Namen zu lernen«, können die Namen der Gruppenmitglieder auch durch Gemüse-, Obstsorten oder Tierarten ersetzt werden, die in der Runde von jedem Gruppenmitglied ausgewählt und benannt werden (z. B. »Ich bin Zitrone.«). In diesem Fall ist das Ganze ein lustiges Aufweck-Spiel. In der Stückentwicklung kann hier auch passend zum Theaterprojekt mit Rollennamen o. Ä. gearbeitet werden.

Platztausch mit Namen

#Aufwärmen #Namen #Präsenz #Reaktion
Gruppengröße: 5–30 · *Komplexität:* ☒☒☐
Anforderungen Raum/Ausstattung: keine

Die Spielleitung nennt den eigenen Namen und schickt diesen mit einer Klatschgeste zu einer Person ihr gegenüber im Kreis. Anschließend läuft die Spielleitung in langsamer Geschwindigkeit auf diesen Platz zu. Wichtig ist für diese Aktion, dass die Person gegenüber gezielt adressiert und vorgewarnt wird, d. h. sowohl Blickkontakt als auch Klatschgeste sollten präsent und eindeutig gesendet werden.

Währenddessen nennt die »angeklatschte« Person auch ihren Namen, klatscht eine neue Person gegenüber an und steuert deren Platz an. Dadurch wird ihr Platz frei für die bereits darauf zulaufende Person und eine Kettenreaktion kommt in Gang.

Hier sind Variationen in der Kreisgröße und einer Steigerung der Geschwindigkeit (bis zu Rennen in einem größeren Kreis) möglich.

Variante 1:
Wenn der Gruppe einige Namen geläufig sind, kann es daran gehen, Namen und Präsenz zu üben. Wer beginnt, klatscht einer gegenüberstehenden Person zu, ruft diese bei ihrem Namen und geht durch den Kreis auf deren Platz zu. Die angeklatschte (und gerufene) Person gibt ihren Platz frei, indem sie ihrerseits eine neue Person anklatscht und beim Namen ruft, um dorthin loszugehen usw.

Tipp:
Ein Ziel kann sein, dass stets drei Personen in Bewegung sind. Das funktioniert, wenn man zügig ab dem Moment losgeht, ab dem klar ist, dass man angeklatscht und damit zum Losgehen auf einen neuen Platz ausgewählt worden ist.

Variante 2:
Die ›echten‹ Namen können auch durch Fantasienamen / Namen berühmter Personen / die Rollennamen etc. ersetzt werden.

Schnittmengen

#Gruppe #Kennenlernen
Gruppengröße: 5–30 · *Komplexität:* ☒☒☐
Anforderungen Raum/Ausstattung: Stuhlkreis

Die Spielleitung stellt verschiedene Fragen, die mit »Ja« oder »Nein« zu beantworten sind. Alle Personen, die die Frage mit »Ja« beantworten, tauschen den Platz.

Variante 1:
Einen Stuhl weniger aufstellen, als Personen anwesend sind. Ein Gruppenmitglied stellt die Frage aus der Mitte und muss versuchen, einen leeren Platz zu ergattern. Wer übrig bleibt, stellt die nächste Frage.

Variante 2:
Im Stehen ohne Stühle. Alle Personen, die die Frage mit »Ja« bzw. »Ich« beantworten, treten einen Schritt nach vorne in den Kreis und begrüßen sich durch Zunicken und Winken freundlich.

Beispielfragen:
Wer
… isst gerne Spaghetti?
… trägt heute rote Socken?
… hat als Lieblingseissorte Stracciatella?
… hat eine kleine Schwester?
… ist großer Bruder?
… spielt gerne Tischtennis?
… war schon mal im Theater?
usw.

Variante 3:
Die Mitglieder müssen zunächst Aussagen finden, von denen sie glauben, dass diese nur auf sie allein zutreffen (Besonderheiten/Alleinstellungsmerkmale). Schließlich können sie noch versuchen, Aussagen zu finden, die auf alle Anwesenden zutreffen.

Tiernamen

#Aufwärmen #Namen
Gruppengröße: 2–30 · *Komplexität:* ☒☐☐
Anforderungen Raum/Ausstattung: keine

Zu Beginn überlegt sich die Spielleitung ein Tier, das mit dem Anfangsbuchstaben des eigenen Namens beginnt, z. B. Eva-Elefant. So beginnt die Vorstellung mit den Worten »Eva-Elefant« und einem passenden Tiergeräusch im Anschluss, z. B. »Törööö«. Die Gruppe wiederholt gemeinsam den Namen und das Geräusch. Die nächste Person nennt ihren Namen, ein Tier und Geräusch, alle wiederholen usw. Falls es ein Tier ohne Geräusch gibt, darf dieses erfunden werden.

Variante:
Statt des Geräuschs wird eine Geste genutzt, jedoch sollte diese eine einfache Bewegung sein, z. B. Fingerschnipsen, Kopfwackeln o. Ä. Für ältere oder erfahrene Gruppen: Geräusch und Geste nutzen.

2 Zum Ensemble werden

Nachdem die ersten Kontakte hergestellt sind und sich die Gruppe etabliert hat, geht es nun darum, sich als Einzelpersonen intensiver kennenzulernen und Mut aufzubringen für Begegnung, Austausch und Berührung. Genauso wichtig wird das Agieren als Gruppe, das Beobachten, Zusammenarbeiten und Wahrnehmen der anderen Gruppenmitglieder. Diese können sehr verschieden sein, müssen aber in der Theaterarbeit in Partnerschaft auf Augenhöhe zurechtkommen. Manche Spiele dienen bereits dazu, die Theaterarbeit mit einer Bühnensituation kennenzulernen und den Spielenden eine erste konstruktive Rückmeldung als Publikum mit Blick »von außen« zu geben.

•• Aufsteh-Kreis

#Gruppe #Körper #Kooperation
Gruppengröße: 2–30 · *Komplexität:* ☒☒☐
Anforderungen Raum/Ausstattung: keine

Die Spielleitung teilt ähnlich große Gruppenmitglieder in Zweierteams ein. Diese sitzen Rücken an Rücken und haken die Arme gegenseitig in die Armbeuge ein. Mit Schiebedruck an den Rücken versuchen die beiden nun gleichzeitig aufzustehen. Gelingt das bei allen, kann die Übung auf drei und dann nach und nach auf die gesamte Gruppe ausgeweitet werden. Dazu trifft man sich im Kreis und alle drehen den Rücken nach innen.

Baumstamm tragen

#Improvisation #Körper #Kooperation
Gruppengröße: 3–30 · *Komplexität:* ☒☐☐
Anforderungen Raum/Ausstattung: keine

Diese Übung hat sowohl mit Kooperation als auch mit Pantomime zu tun. Die Aufgabe besteht für zwei Personen darin, gemeinsam pantomimisch und ohne Worte einen schweren Baumstamm hereinzutragen und an einer bestimmten Stelle im Raum abzuladen. Die Spielleitung bestimmt diesen Ort und öffnet gegebenenfalls die Türe. Die restliche Gruppe bildet das Publikum.

Variante:
Der Baumstamm liegt an einer vorgegebenen Stelle im Raum, muss einmal um 180 Grad gedreht werden und dann an einer anderen Stelle im Raum abgeladen werden.

Tipp:
Bei großen Gruppen können mehrere Baumstämme gleichzeitig transportiert werden und die Einzelnen achten darauf, dass sie nicht durch die Baumstämme der anderen laufen.

Mögliche Nachbesprechung:
- Was haben wir als Publikum geglaubt, was nicht?
- Warum haben wir etwas (nicht) geglaubt?
- Wie groß/schwer war der Baum (und gibt es hier Einvernehmen unter den spielenden Personen)?

- Wodurch sind Abstimmungen erfolgt (z. B. wie man den Stamm ablegt)?
- Welche grundsätzlichen Regeln/Vereinbarungen in der Arbeit mit Pantomime lassen sich daraus herleiten?

•• Blindenführung

#Kennenlernen #Kooperation #Vertrauen
Gruppengröße: 2–30, Zweierteams · *Komplexität:* ☒☒☐
Anforderungen Raum/Ausstattung: Augenbinden (wenn vorhanden)

Die Spielleitung sollte hier besser nicht mitspielen, sondern auf die Sicherheit der Gruppe achten. Jeweils einer Person werden die Augen verbunden, die zweite stellt sich dahinter. Folgende Signale werden vereinbart und ausprobiert.

- Hand auf die linke Schulter legen = links abbiegen
- Hand auf die rechte Schulter legen = rechts abbiegen
- Hand auf den mittleren Rücken legen = geradeaus gehen
- Hand auf den Kopf legen = stehen bleiben

Die Person, die lenkt, hat ab nun die volle Verantwortung, damit die blinde Person nirgends anstößt oder stolpert. Dies ist für das »Vertrauen können« maßgeblich und sollte gerade jüngeren Gruppen eindringlich klar gemacht werden, bevor es losgeht. Die blinde Person hat allein die Aufgabe, den Signalen zu folgen und darauf zu achten, was sie darüber hinaus wahrnehmen kann. Die gesamte Führung soll möglichst ohne Worte stattfinden. Die Spielleitung achtet darüber hinaus auf ein Signal zum Wechseln oder vereinbart vorab ein Zeichen zur Rückführung zum Ausgangspunkt, wo dann getauscht wird.

Am Ende ist ein Nachgespräch sinnvoll, zunächst innerhalb der Zweiergruppe, dann zum Abschluss auch in der gesamten Gruppe. Anregungen könnten folgende Aspekte sein:

- Wusstet ihr jederzeit, wo ihr seid?
- Welche Wahrnehmungen haben euch überrascht?
- Wo/wann habt ihr gut vertrauen können, wo/wann weniger gut?

Variante (für Geübte):
Man kann weitere Signale wie »rückwärtsgehen«, »ducken«, »Stufe« usw. vereinbaren. Dies ermöglicht es z. B., die Gruppen unter Tischen hindurch oder über stabile Stühle laufen zu lassen, wobei die Spielleitung hier unbedingt an den Hindernissen sichern und unterstützen muss.

Eine weitere Möglichkeit ist es, heimlich oder mit Vorankündigung die führenden Personen zu tauschen. Dies bietet nicht nur eine große Überraschung beim Abnehmen der Augenbinden, sondern auch einen guten Anlass zur Nachbesprechung darüber, ob und wodurch ein Wechsel bemerkt wurde.

Tipp:
Spannend sind für diese Übung Spaziergänge, die den Raum verlassen, z. B. zum leeren Pausenhof oder auch nur auf den Flur hinaus, da den »Blinden« sofort Temperaturunterschiede, Raumhall, Umgebungsgeräusche, Gerüche usw. auffallen werden.

»Ein Stuhl wird frei« / Ameisenspiel

#Aufwärmen #Gruppe #Körper #Kooperation
Gruppengröße: 5–30 · *Komplexität:* ☒☒☒
Anforderungen Raum/Ausstattung: pro Gruppenmitglied ein Stuhl, möglichst gleichmäßige Verteilung im Raum

Die Gruppe wird aufgefordert, einen Sitzplatz einzunehmen. Wer zuletzt an einem freien Stuhl ankommt, beginnt das Spiel und geht dazu an das andere Ende des Raumes, möglichst weit vom ursprünglichen Stuhl entfernt, der nun leer zurückbleibt. Die Aufgabe für diese Person (1) besteht lediglich darin, langsam in Richtung des Stuhls loszugehen mit der Absicht, sich dort zu setzen. Die anderen Sitzenden versuchen zu verhindern, dass das passiert und dürfen den leeren Stuhl vorher besetzen. Damit geben sie aber ihren eigenen Stuhl als nächstes Ziel frei, das die laufende Person (1) nun stattdessen ansteuern kann. Berührt ihr Gesäß die Stuhlfläche, hat die Gruppe verloren. Was nun passiert, ist meist ein hektisches Durcheinander, in dem die Gruppe versucht dies zu verhindern. Der Reiz des Spiels liegt darin, dass die Gruppe eine Taktik entwickelt, die nicht auf dem ersten Impuls basiert. Meist rennen die nächstsitzenden Mitglieder zum leeren Stuhl los, was dazu führt, dass der Weg für die laufende Person (1) zum freien Stuhl meist kürzer statt länger wird. Ist das Prinzip erkannt, kann man die Schwierigkeit erhöhen, indem das Spiel stumm gespielt werden muss oder die Regel eingeführt wird »Wer aufgestanden ist, darf nicht zurück auf den alten Sitzplatz«.

Variante 1:
Geht auch ohne Stühle z. B. mit Reifen oder auf der Wiese mit Handtüchern o. Ä.

Tipp 1:
Je weniger Personen laufen, desto übersichtlicher.

Tipp 2:
Wer am weitesten weg ist, sollte versuchen den leeren Platz zu besetzen, damit für die laufende Person (1) der Weg möglichst lang ist.

Variante 2:
Das Spiel ist auch im Kreis stehend möglich: Je zwei Gruppenmitglieder stehen hintereinander, nur das vordere darf laufen, das hintere markiert den Platz. Eine Position darf nur mit einem Gruppenmitglied (2) besetzt sein. Die laufende Person (1) steht in der Kreismitte und geht von dort aus langsam auf diesen freien Platz los. Wer hier zuvorkommen möchte, stellt sich hinter die Person (2), die den Platz bisher markiert hat, dadurch wird durchgewechselt.

Tipp 3:
Hier bietet sich eine Fortsetzung als choreografische Auffassung an – es geht dann nicht mehr um weglaufen und gewinnen, die Bewegungen werden stattdessen zum tänzerischen Duett ausgeführt.

•• Fan werden oder Riesen-Schnick-Schnack-Schnuck

#Aufwärmen #Gruppe #Stimme
Gruppengröße: 4–30 · *Komplexität:* ☒☒☐
Anforderungen Raum/Ausstattung: keine

Alle Mitglieder werden mit den Grundregeln von »Schnick-Schnack-Schnuck« oder »Schere-Stein-Papier« vertraut gemacht (Papier gewinnt gegen Stein, Stein gegen Schere und Schere gegen Papier). Immer zu zweit wird eine Runde gespielt. Wer verloren hat, wird zum Fan und schließt sich der anderen Person dahingehend an, dass er sie oder ihn lautstark mit dem Rufen des Namens anfeuert. Am Ende stehen sich die letzten beiden Wettkämpfenden mit Fangruppen gegenüber. Sind diese gleich groß, wird ein letztes Mal gespielt und die Siegesgruppe ermittelt. Sind die Fangruppen unterschiedlich groß, steht bereits fest, wer den Sieg davonträgt.

Fliegender Teppich

#Gruppe #Körper #Kooperation
Gruppengröße: 5–30 · *Komplexität:* ☒☒☐
Anforderungen Raum/Ausstattung: eine große Decke, Tuch oder Plane

Die Ausgangssituation: Alle stehen auf der Decke. Je weniger Platz um sie herum übrig ist, desto schwieriger wird diese Übung. Die Aufgabe besteht darin, die Unterseite der Decke nach oben zu kehren, ohne dass jemand den Boden außerhalb der Decke berührt, ansonsten muss von Neuem begonnen werden.

Tipp:
Dieses Spiel ist besonders gut geeignet, um den Zusammenhalt der Gruppe zu fördern.

Formen bilden

#Gruppe #Körper #Kooperation
Gruppengröße: 5–30 · *Komplexität:* ☒☒☒
Anforderungen Raum/Ausstattung: keine

Diese Übung erfordert von der Spielleitung das Bewusstsein, dass der Sinn der Übung darin besteht, die Gruppe eigenständig zu einer Lösung der Aufgabe kommen zu lassen. Daher sollte die Anleitung so weit erfolgen, bis allen klar ist, was das Ziel und die Regeln sind. Ab dann sollte nur punktuell eine Hilfestellung von außen erfolgen. Vorgegebenes Ziel ist jeweils gemeinsam eine geometrische Form bzw. ein gemeinsames Bild zu erschaffen.

Zehn am Boden: Alle Gruppenmitglieder legen sich gemeinsam auf den Boden, um von oben gesehen die Zahl Zehn zu bilden (ohne Sprechen!).

Ein Kreis: Alle nehmen sich im Kreis stehend bei den Händen. Mit geschlossenen Augen soll ein Rechteck gebildet werden. Hier darf gesprochen werden. Die Augen werden erst geöffnet, wenn die Gruppe entscheidet, dass sie fertig ist. Weitere Formen: Quadrat, Stern, Halbmond, Herz …

Variante (für jüngere Gruppen):
Im Stehen zu dritt einzelne stehende Buchstaben für ein Alphabet bilden (hier mit offenen Augen).

•• Gegenüber beschreiben

#Körper #Wahrnehmung
Gruppengröße: 2–30 · *Komplexität:* ☒☒☐
Anforderungen Raum/Ausstattung: Stoppuhr

Die Tandems stehen sich mit ca. einem Meter Abstand gegenüber, bestmöglich im Raum verteilt. Sie einigen sich darauf, wer beginnt. Die Spielleitung stoppt nach der Erklärung jeweils eine Minute, in der aus jedem Tandem die erste Person ihr Gegenüber möglichst kleinteilig beim Stillstehen beschreibt (z. B. »Du stehst gerade, du schaust mich an, deine Mundwinkel zucken, deine linke Augenbraue hebt sich, deine Hände hängen still herunter …«). Dabei sollte keine Pause entstehen, sondern jede noch so kleine Regung erwähnt werden. Falls beim Beschreiben nichts mehr auf- oder einfällt, darf man so lange Vorheriges wiederholen, bis wieder eine kleine Änderung wahrgenommen wird. Nach einer Minute wird getauscht, danach sollte auf jeden Fall ein Austausch im Tandem aber auch in der Gruppe erfolgen. Auch ein Durchtauschen der Tandems mit ein bis zwei weiteren Durchläufen ist sinnvoll.

Mögliche Nachbesprechung:
Hier wird der Fokus auf die sonst ausgeblendete Wahrnehmung der Körpersprache gerichtet. Unbewusst registrieren wir diese immer. Gesprächsleitfragen könnten sein:

- Welche Wahrnehmung hat euch überrascht?
- Was ist euch an der Gestik/Mimik des Gegenübers aufgefallen?
- Wieso achtet man sonst nicht auf kleinste Bewegungen in Gesicht/Körper?
- Was können wir daraus für das »Theater-Spielen« lernen?

Goofy

#Kennenlernen #Vertrauen #Wahrnehmung
Gruppengröße: 5–30 · *Komplexität:* ☒☒☐
Anforderungen Raum/Ausstattung: keine

Alle schließen die Augen und gehen vorsichtig tastend im Raum umher. Nach einiger Zeit bestimmt der Spielleiter durch Antippen eine Person als Goofy. Goofy ist stumm. Berühren sich beim Umhertasten zwei Mitglieder, so fragen sie sich: »Bist du Goofy?« »Nein, ich bin nicht Goofy«, lautet die Antwort. Die Spieler gehen weiter durch den Raum, bis sie wieder jemanden treffen, dem sie die gleiche Frage stellen.

Sollte ein Spieler auf den tatsächlichen Goofy treffen, so antwortet dieser auf die Frage nicht und bleibt stattdessen stumm. Der fragende Spieler hat hiermit Goofy gefunden und hängt sich als »Doppelgoofy« an ihn an. Nach und nach schließen sich auch die anderen Spieler immer weiter an, wodurch ein großer umherwandelnder »Goofy« entsteht. Auf das Signal der Spielleitung öffnen die Gruppenmitglieder die Augen. Die Verwunderung, an wem sie »ankleben«, ist meist recht groß.

Quelle: www.spielwiki.de/Bist_Du_Goofy%3F

Grimassen-Fangen

#Aufwärmen #Improvisation #Körper #Wahrnehmung
Gruppengröße: 5–30 · *Komplexität:* ☒☐☐
Anforderungen Raum/Ausstattung: keine

Dieses Fangspiel ist eine Abwandlung des klassischen Fangspiels »Brückenfangen«. In der Gruppe werden, je nach Gruppengröße, ein bis zwei Fangende festgelegt sowie das Spielfeld begrenzt. Alle Mitglieder verteilen sich im Raum und laufen los, die Fangenden versuchen die Fliehenden durch eine Berührung zu fangen. Wer gefangen ist, muss sofort in einer ausdrucksstarken Körperhaltung mit einer ausdrucksstarken Grimasse im Gesicht erstarren. Die Person kann befreit werden, indem jemand aus der Gruppe sich gegenüberstellt und die Körperhaltung und den Gesichtsausdruck genau spiegelt.

Tipp:
Wer viel Platz hat, kann auch normales Brückenfangen als ein prima Aufwärmspiel nutzen. Dabei kommen garantiert alle ins Schwitzen, sofern die Fangenden schnell durchgewechselt werden.

⁞ Jäger-Oma-Wolf

#Aufwärmen #Gruppe #Körper #Reaktion
Gruppengröße: 4–30 · *Komplexität:* ☒☒☒
Anforderungen Raum/Ausstattung: keine

Es gibt für die Gruppe drei Begriffe, die sich in pantomimischen und akustischen Signalen wie folgt äußern. Der Jäger hat ein Fangnetz, das er in die Luft nach vorne schleudern kann. Die Oma hat einen Krückstock, auf dem sie sich mit einem »HU« abstützt. Der Wolf hat ein großes Maul und springt mit hochgerissenen Armen und lautem »YAMM« einen Satz nach vorne.

Die Gruppe wird nun in zwei Hälften geteilt, diese wählen unter sich geheim eine Figur aus. Alle Mitglieder positionieren sich entlang eines imaginären Grabens so voreinander, dass möglichst jedes Mitglied eine Person der anderen Gruppe vor sich findet, wobei jede Gruppe auf einer Seite des Grabens steht.

Alle beginnen in einer neutralen Ausgangsposition. Auf ein Kommando der Spielleitung werden die vereinbarten Begriffe direkt ausgeführt. Es gewinnt Jäger gegen Wolf (er fängt den Wolf ein), Oma gegen Jäger (sie haut ihn mit dem Krückstock) und Wolf gegen Oma (er frisst sie).

Diese Phase funktioniert im Prinzip wie das Kinderspiel »Schere-Stein-Papier«, es wird dadurch eine Gewinner- und eine Verlierergruppe ermittelt.

Wer mit dem Begriff der Gruppe das Duell gewonnen hat, muss nun schnell reagieren, denn diese Gruppe fängt sofort die Mitglieder der anderen Gruppe, die weglaufen müssen und erst am Ende des Raumes auf ihrer Seite in Sicherheit sind. Wer gefangen wird, wechselt in die andere Gruppe. Gewonnen hat die Gruppe, die am Ende alle Mitglieder bei sich versammelt.

Maschine

#Gruppe #Körper #Kooperation #Rhythmus
Gruppengröße: 5–30 · *Komplexität:* ☒☒☐
Anforderungen Raum/Ausstattung: keine

Die Gruppe teilt sich in Kleingruppen zu maximal sechs Personen auf, die jeweils gemeinsam eine Maschine erschaffen. Dafür übernimmt eine Person die Montage und verbindet die anderen Gruppenmitglieder als Maschinenteile. Dazu berühren sich diese entweder an Händen, Hüften, Knien, Ellbogen oder Füßen und geben Töne von sich. Auf ein Zeichen setzen sich die Maschinenteile gemeinsam in Bewegung. Funktioniert die Maschine nicht, kann die Person, die mit der Montage beauftragt ist, so lange die Verbindungen optimieren, bis sie etwa 1–2 Minuten lang durchgängig funktioniert. Das kann gegenseitig präsentiert werden.

Die gesamte Gruppe kann zur Nachbesprechung überlegen, um was für eine Art Maschine es sich gehandelt hat (Waschmaschine, Schredder, Fernsehapparat, Schreibmaschine, Saftpresse…).

Variante:
Es empfiehlt sich, mit konkreten Maschinen zu beginnen (z. B. Saftpresse). Eine interessante Fortführung sind metaphorische Maschinen (z. B. Alltagsmaschine, Kriegsmaschine, Machtmaschine, Familienmaschine …). Die Er-

gebnisse können einen Stückentwicklungsprozess vorantreiben, indem hier Themen erforscht werden.

Ochs-am-Berg mit Schatz

#Aufwärmen #Gruppe #Körper #Kooperation
Gruppengröße: 5–30 · *Komplexität:* ⊠⊠⊠
Anforderungen Raum/Ausstattung: Schatz (Ball o. Ä.)

Das Spiel funktioniert wie das bekannte Kinderspiel »Ochs am Berg« bzw. heißt es auch »Ein Hase läuft über das Feld«, »Zeitung lesen« oder »Donner, Wetter, Blitz«. Das Grundprinzip ist, dass eine Person am Spielfeldrand steht und sich so lange von der Gruppe wegdreht, wie sie benötigt, um »1 – 2 – 3 – Ochs am Berg« oder entsprechende andere Spieltitel laut auszurufen. Währenddessen hat die gegenüberstehende Gruppe Zeit, sich möglichst weit an die rufende Person heranzupirschen. Wer nicht rechtzeitig stoppt und noch in der Bewegung erwischt wird, muss zurück an die Startlinie. Gewonnen hat, wer die rufende Person als erstes abklatscht.

In dieser Version mit Schatz ist etwas mehr Kooperation gefordert. Neben der Person, die von vorne »Ochs am Berg« ruft, liegt ein Schatz (kleiner Ball o. Ä.) am Boden. Der Schatz muss von der Gruppe gestohlen und zurück hinter die Startlinie gebracht werden. Dazu verstecken ihn einzelne Mitglieder – z. B. hinter dem Rücken. Sobald der Schatz geklaut ist, darf die rufende Person pro Runde ein Gruppenmitglied nach dem Schatz fragen. Hat die befragte Person den Ball, muss sie es zugeben und die Einzelperson hat gewonnen. Schafft die Gruppe den Transport des Schatzes unentdeckt, hat sie gewonnen.

Mögliche Vorstufe:
Das Schmuggel-Spiel. Dabei fangen ein bis zwei Personen in einem festgelegten Spielfeld an. Die beiden dürfen nie an die zwei Tennisbälle geraten, die im Umlauf unter der Gruppe sind. Ziel ist, die Bälle durch Übergabe von einer zur nächsten Person von einer Raumseite zur anderen zu transportieren, ohne dass die Gruppenmitglieder, die im Besitz des Balls sind, mit der Hand abgeschlagen werden. Werfen gilt hier nicht!

»Reise nach Jerusalem« trifft »Boden ist Lava«

#Aufwärmen #Gruppe #Körper #Kooperation
Gruppengröße: 5–30 · *Komplexität:* ☒☒☐
Anforderungen Raum/Ausstattung: Stühle, einer weniger als Personen, Musik

Diese abgewandelte Form des bekannten Spieleklassikers fördert ebenso wie das vorherige Spiel den Abbau von Berührungsängsten und Kooperation, darüber hinaus kann es sehr lustig werden. Die Stühle sind am besten in zwei engen Reihen mit den Stuhllehnen Rücken an Rücken in der Raummitte angeordnet. Zur Musik wird im Kreis um die Stühle gelaufen. Der Unterschied zur klassischen Variante besteht darin, dass sich beim Musikstopp alle auf den Stühlen in Sicherheit bringen müssen und kein Fuß mehr am Boden bleiben darf. Natürlich wird bei jeder Runde ein Stuhl weggenommen. Hart, aber so ist es: Wer nicht oben bleibt, bis die Musik weitergeht, fliegt raus.

Schöner Sterben

#Aufwärmen #Körper #Präsenz
Gruppengröße: 3–30 · *Komplexität:* ☒☒☐
Anforderungen Raum/Ausstattung: Aufteilung der Spielfläche in 2 Hälften z. B. mit Klebeband

Das Spiel klingt in seiner Anleitung schrecklich, macht aber viel Spaß und leitet eine Bühnensituation ein – allerdings sollte von der Spielleitung vorab sensibel abgewogen werden, ob die Gruppe in der Verfassung dazu ist.

Der Raum wird in zwei Flächen aufgeteilt für Publikum und Bühne. Alle laufen im Raum verteilt umher. Die Spielleitung ruft ein Gruppenmitglied beim Namen, dieses betritt nun die Bühnenfläche, alle anderen finden sich auf der Publikumsfläche ein. Die Einzelperson nimmt dann eine Position mit Blick zum Publikum ein und erstarrt in dieser Haltung. Das Publikum bildet parallel ein ausdrucksstarkes Gaffer-Grüppchen, das ebenfalls in seinen Haltungen erstarrt. Die Einzelperson stirbt einen dramatischen Theatertod, steht dann wieder auf und sagt »war nicht so schlimm«. Damit erlöst sie das erstarrte Publikum, diese seufzen erleichtert mit dem Ausruf »So ein Glück!« auf und alle laufen wieder durch den ganzen Raum. So oft wie nötig wiederholen.

Tipp:
Als Vorübung im Kreis alle gemeinsam einen dramatischen Theatertod üben lassen, bei dem die »Mordwaffe« individuell gewählt wird.

Sitzkette

#Gruppe #Körper
Gruppengröße: 10–30 · *Komplexität:* ☒☒☐
Anforderungen Raum/Ausstattung: keine

Auch in diesem Spiel lässt sich ein schönes Gruppenerlebnis schaffen. Alle teilnehmenden Personen kommen im Kreis stehend so eng zusammen, dass sich die Schultern berühren. Schließlich drehen sich alle nach rechts und finden den Rücken der davorstehenden Person vor sich. Auf ein gemeinsames Kommando setzen sich alle langsam auf den Knien der Person hinter sich ab. Klappt das, kann die Gruppe nun versuchen, als geschlossene Kette im Kreis herumzulaufen.

Schwebender Stock

#Gruppe #Körper #Kooperation
Gruppengröße: 2–30, gerade Anzahl · *Komplexität:* ☒☒☐
Anforderungen Raum/Ausstattung: Stöcke, z. B. vom Stockkampf, Bambusstöcke, Besenstiel etc.

Die Gruppenmitglieder stellen sich in zwei gegenüberstehenden Reihen mit ca. einem Meter Abstand so auf, dass jede Person ein Gegenüber vor sich hat. In Höhe des Bauchnabels werden die Hände nach vorne gehalten und die Zeigefinger so ausgestreckt, dass beide Reihen gemeinsam in der Mitte eine Tragefläche bilden, worauf von der Spielleitung ein Stock abgelegt wird. Alle Zeigefinger sollten diesen mittragen. Alle Mitglieder legen nun gemeinsam den Stock auf dem Boden ab, was gar nicht so einfach ist.

Variante:
Fortgeschrittene können die Übung auch mit geschlossenen Augen und schweigend durchführen.

Tipp:
Bei größeren Gruppen ist es besser, mehrere Stöcke zu nutzen und Untergruppen zu bilden.

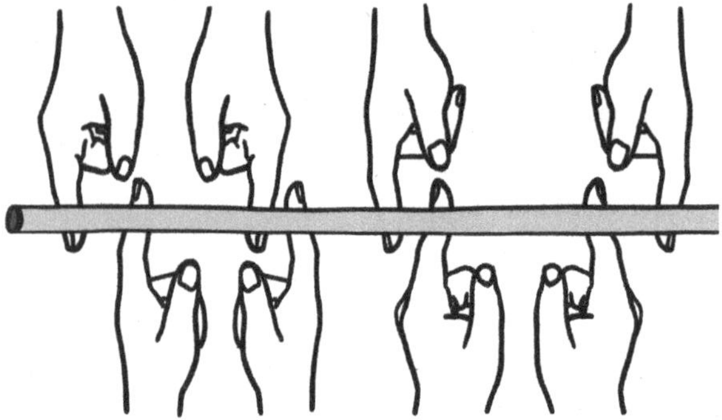

Abb. 1: Schwebender Stock

Vertrauenskreis

#Gruppe #Körper #Kooperation #Wahrnehmung
Gruppengröße: 5–30 · *Komplexität:* ☒☒☐
Anforderungen Raum/Ausstattung: keine

Ziel dieses Spiels ist es, dass eine Einzelperson in der Mitte des Kreises ihr Gewicht an die Außenstehenden abgeben kann und darauf vertrauen darf, gehalten zu werden. Dazu stellt die Person sich in der Mitte aufrecht, mit geschlossenen Füßen und etwas Körperspannung hin. Die Arme können zusätzlich über der Brust verschränkt werden, die Augen sollten geschlossen sein. Die übrigen Personen halten ihre Hände vor sich in Brusthöhe und berühren die mittlere Person so, dass diese sich in alle Richtungen pendeln lassen kann und stets gehalten bzw. aufgefangen wird. Durch das Öffnen der Augen beendet man seine Runde und eine neue Person kann in die Mitte genommen werden.

Tipp:
Mit einem engeren Kreis beginnen und nach und nach weiter öffnen. Gruppen nach ähnlicher Körpergröße sortieren.

Welle

#Gruppe #Körper #Kooperation
Gruppengröße: 6–30, gerade Anzahl · *Komplexität:* ☒☒☐
Anforderungen Raum/Ausstattung: keine

Für dieses schöne Erlebnis wird die Gruppe im Kreis reihum in A und B aufgeteilt. Alle halten sich mit Blick in den

Kreis an den Händen fest und spannen ihre Körpermitte etwas an (hierbei hilft die Vorstellung, einen Stock verschluckt zu haben). Mit dem Zeichen der Spielleitung lassen sich gleichzeitig die »As« kontrolliert nach vorne und die »Bs« nach hinten fallen, wodurch eine wellenförmige Linie entsteht. Wenn diese stabil steht, kann versucht werden, die Welle in Bewegung zu versetzen, indem die Gruppe versucht, ihre gestreckten Körper jeweils nach vorne und hinten zu bewegen, wobei die Füße soweit wie möglich am Platz stehen bleiben.

3 Aufwärmen

Wer kennt es nicht, man kommt abgehetzt zur Probe, hat noch die Gedanken an die Vorkommnisse des Tages im Kopf, ist müde und überhaupt ist die letzte Probe eine Weile her … Aus diesem Zustand holen die Aufwärmspiele ab und machen Kopf und Körper für die anstehende Probe bereit, z. B. indem Aufmerksamkeit, Reaktion und Schnelligkeit eingefordert, die Raumwahrnehmung geschult oder die Fantasie angeregt werden.

3.1 Theaterstand

Eine wichtige Ausgangshaltung ist der »Theaterstand«, der eine gleichzeitig neutrale, aber auch agile Haltung darstellt. Für Anfänger ist es nicht einfach, ihn während einer Übung kontinuierlich durchzuhalten. Es lohnt sich aber das Bewusstsein dafür zu schärfen und ihn immer wieder einzufordern und einzuüben, da er eine gleichzeitig präsente und nicht »private« bzw. individuelle Haltung und damit Ausgangspunkt für die Darstellung auf der Bühne ist. Man kann ihn beispielsweise zu Beginn vieler Aufwärmübungen einnehmen und so eine Routine damit herstellen.

Zum Theaterstand kommen

#Aufwärmen #Körper # Präsenz
Gruppengröße: 1–30 · *Komplexität:* ☒☐☐
Anforderungen Raum/Ausstattung: keine

Alle stehen in Ausgangsposition mit etwa hüftbreiten Beinen und herunterhängenden Armen. Nun springen die Gruppenmitglieder auf das Kommando der Spielleitung hoch und bleiben so, wie sie landen, locker stehen. In der jetzigen Haltung zeigen sich bereits die meisten Merkmale des Theaterstands: hüftbreite Füße, lockere Knie, gerader Oberkörper, herunterhängende Arme, offene Hände, Kopf aufrecht und gerade ausgerichtet. Ausschütteln lassen und danach nochmals bewusst die Haltung einnehmen.

3.2 Energiekreis

Diese Anordnung bietet eine Ausgangssituation, die eine gleichberechtigte Kommunikation aller Beteiligten ermöglicht und gleichzeitig hat die Spielleitung die gesamte Gruppe gut im Blick. Die einzelnen Gruppenmitglieder finden sich dazu auf einer gedachten Kreislinie ein. Am Anfang ist es wichtig, die Aufstellung im Kreis mit Präzision so einzufordern, dass weder ein Ei noch eine ausgebeulte Kartoffel entsteht. Dann ist es möglich, eine sehr konzentrierte Situation herzustellen und die Konzentration der Gruppe zu sammeln. Besonders über schnelle Abfolgen der Abläufe wie z. B. beim »Du-Spiel«, »Hey und Ha« oder »Swisch-Boing-Pow« lässt sich wunderbar Energie aufbauen.

Du-Spiel

#Aufwärmen #Körper #Präsenz
Gruppengröße: 6–30 · *Komplexität:* ☒☐☐
Anforderungen Raum/Ausstattung: keine

Die Gruppe steht mit Theaterstand im Kreis. Die Spielleitung beginnt damit, ein »Du« mit einer Klatschgeste zu einer gegenüberstehenden Person zu schicken. Ein fester Blickkontakt und eine klare Adressierung an die Empfängerperson sind hier wichtig, denn sobald das Klatschen gesendet wurde, läuft die Spielleitung (1) auf deren Platz durch den Kreis hindurch los. Die angeklatschte Person (2) sendet nun das »Du« mit ebenso konkret gerichtetem Blick und Klatschen an eine dritte Person (3) im Kreis und läuft dann auf deren Platz. Somit wird ihr Platz (2) im Kreis frei für die Spielleitung (1). So geht es kreuz und quer durch den Kreis weiter. Wichtig ist, dass alle Personen erst nach dem »Du« loslaufen.

Variante 1:
Das »Du« durch Fantasienamen / berühmte Personen / Film- oder Märchenfiguren / den Rollennamen etc. ersetzen.

Variante 2:
Das Ganze geht auch ohne »Du«, man kann lediglich einen festen Blick senden.

Tipp 1:
Mit geübten Gruppen kann die Laufgeschwindigkeit oder auch die Anzahl der sich im Spiel befindenden »Du-Run-

den« erhöht werden. Bei höherer Geschwindigkeit gegebenenfalls die Kreisgröße anpassen.

Tipp 2:
Drei Personen können gleichzeitig in Bewegung sein, was es besonders für größere Gruppen von ca. 15 Personen interessanter macht.

Möchte man niederschwelliger anfangen, kann man zum Einstieg ein klar gerichtetes »Du« mit Klatschgeste durch den Kreis schicken (ohne Laufen).

Die wachsende Geste

#Aufwärmen #Improvisation #Körper #Präsenz #Stimme
Gruppengröße: 5–20 · *Komplexität:* ☒☒☐
Anforderungen Raum/Ausstattung: keine

Die Spielleitung beginnt mit einer einfachen Geste und einem begleitenden Stimmgeräusch. Die benachbarte Person hat nun die Aufgabe, beides nachzuahmen und etwas »größer« zu machen. »Größer« bedeutet in diesem Fall eine höhere Lautstärke, raumgreifender in der Gestik, mit mehr Kraft, dynamischer etc. Die dritte Person im Kreis kopiert die vergrößerte Geste und das Geräusch ebenfalls mit einer weiteren gewachsenen Vergrößerung. Es wird so lange »weitervergrößert«, bis ein Gruppenmitglied im Kreis das Gefühl hat, keine weitere Steigerung mehr ermöglichen zu können. Es beginnt stattdessen mit einer neuen Geste und einem neuen Geräusch.

Fuß-Fuß

#Aufwärmen #Gruppe #Körper #Konzentration
Gruppengröße: 5–20 · *Komplexität:* ☒☒☐
Anforderungen Raum/Ausstattung: keine

Im Kreis stehen alle mitspielenden Personen im Theaterstand so nah aneinander, dass sich die Fußaußenkanten der Nebeneinanderstehenden berühren. Alle sprechen die Worte der Spielleitung gemeinsam im Echo nach und führen gleichzeitig die Bewegung aus. Zu Beginn kann man schrittweise vorgehen. Wenn allen der Ablauf klar ist, kann man in mehreren Runden pro Wiederholung immer schneller werden, bis nach und nach ein großes Kuddelmuddel (und meist viel Gelächter) entsteht.

- Fuß (die rechte Hand berührt den rechten Fuß des linken Nachbarn)
- Fuß (die linke Hand berührt den linken Fuß des rechten Nachbarn)
- Knie (die rechte Hand berührt das rechte Knie des linken Nachbarn)
- Knie (die linke Hand berührt das linke Knie des rechten Nachbarn)

... und so weiter mit Hüfte, Hüfte, Schulter, Schulter, Kopf, Kopf. Dann wieder von vorne.

Tipp:
Schön ist es, wenn man auf der Sprach- und Bewegungsebene in einen Rhythmus kommt.

Hey Con Cara emotional

#Aufwärmen #Körper #Sprechgestaltung #Stimme
Gruppengröße: 2–30 · *Komplexität:* ☒☒☐
Anforderungen Raum/Ausstattung: keine

Alle stehen im Kreis, die Spielleitung beginnt damit, die untenstehenden Zeilen als eine Art Kindervers in »Nonsens«-Sprache vorzusprechen. Dabei setzt die Spielleitung möglichst deutlich und »groß« unterschiedliche Ausdrucksqualitäten in die Stimme und Körpersprache, die Gruppe imitiert Tonfall und Bewegungen. So wird das ganze Gedicht Zeile für Zeile von der Spielleitung in unterschiedlichen Emotionen gefärbt und vom Chor der Gruppe wiederholt.

Hey!
Con cara!
A con con cara!
A desso de famossa!
A con cara!

Tipp:
Die Gestaltung des Gedichts kann nach einer Weile an einzelne Gruppenmitglieder abgegeben werden. Das dient sehr gut dazu, die Gruppe aus der Reserve zu locken.

Hey und Ha

#Körper #Konzentration #Reaktion
Gruppengröße: 5–20 · *Komplexität:* ☒☒☐
Anforderungen Raum/Ausstattung: keine

Die Spielleitung schickt ein Klatschen mit »HEY« nach rechts und ein Stampfen mit »HA« nach links in den Kreis los. Die Aufgabe der Gruppe ist es, »HEY« oder »HA« weiterwandern zu lassen.

Tipp:
Ist die Gruppe damit versiert, kann man mehrere »Heys« und »Has« in kürzeren Abständen losschicken, nun sollte keines verloren gehen. Klingt einfach, ist aber Hirnjogging.

HA-SO-KE (Samurai)

#Aufwärmen #Körper #Konzentration #Stimme
Gruppengröße: 5–20 · *Komplexität:* ☒☒☐
Anforderungen Raum/Ausstattung: keine

Es gibt drei aufeinanderfolgende Begriffe und Bewegungen. Zunächst bildet man zur Übung ein Schwert. Dazu werden die Handflächen aufeinandergelegt und die Arme gerade vom Körper weggestreckt. Dieses Schwert kann man nun über den Kopf hochreißen, seitlich schwingen oder von oben nach unten durchziehen. Diese drei Züge bilden die Grundbewegungen.

Die erste Person beginnt mit einem Schwerthieb von oben nach unten mit lautem »HA«. Dabei schaut sie die gegenüberliegende Person im Kreis an. Diese erwidert den Angriff durch das Hochreißen ihres Schwerts mit lautem »SO« und behält das Schwert über Kopf. Die beiden benachbarten Personen rechts und links ziehen direkt im Anschluss einen seitlichen Hieb in Richtung Bauch der mittleren Person, dazu rufen sie möglichst gleichzeitig »KE«.

Die mittlere Person reißt nun ihr Schwert herunter mit »HA« und setzt eine weitere Runde in Gang, indem sie dabei ein neues Gegenüber anvisiert. Ziel ist es, Geschwindigkeit, Lautstärke und Präzision in einen rhythmischen, energischen Bewegungsablauf zu führen und mit jedem Schwerthieb 100 Prozent zu geben.

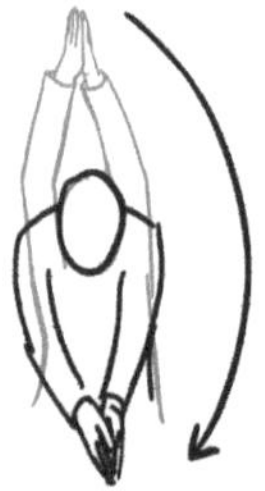

Abb. 2a:
Zug 1: HA

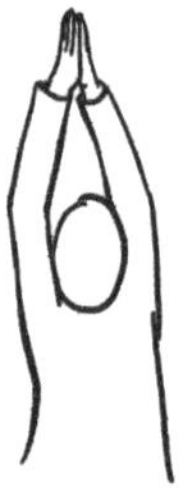

Abb. 2b:
Zug 2: SO

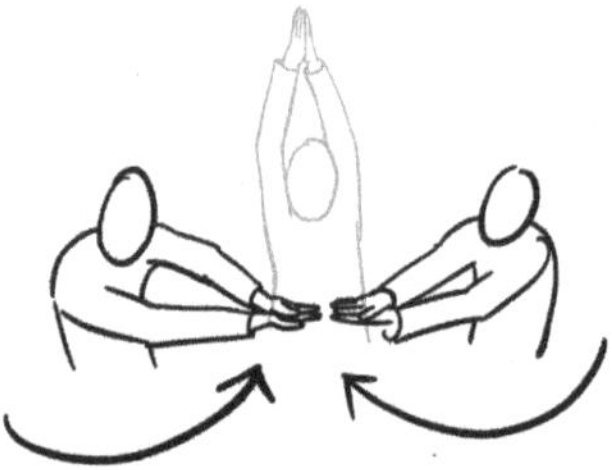

Abb. 2c:
Zug 3: KE

•• Hängende Rückenmassage

#Aufwärmen #Gruppe #Körper #Wahrnehmung
Gruppengröße: 2–30 · *Komplexität:* ☒☐☐
Anforderungen Raum/Ausstattung: keine

Wer zuerst massiert werden möchte, hängt sich in einer Vorbeuge mit dem Bauch auf den Oberschenkeln zum Boden hin aus, die Arme und der Kopf hängen locker zum Boden. Die zweite Person prüft nun von der Seite vorsichtig die Lockerung des Nackens und der Arme, indem der Nacken und die Arme nacheinander gegriffen und vorsichtig bewegt werden. Sie sollten sich leicht bewegen lassen.

Nun kann eine Massage der Arme und Hände über ein Abklopfen mit der flachen Hand erfolgen, der Rücken kann mit den Fäusten abgeklopft werden, wobei die Wirbelsäule außen vor bleiben sollte.

Zum Abschluss tippt die massierende Person vorsichtig den untersten Rückenwirbel an und wandert mit den Fingern an der Wirbelsäule entlang Richtung Halswirbel. Über leichten »Gegendruck« wird die Wirbelsäule an der entsprechenden Stelle Stück für Stück aufgerichtet bis zum aufrechten Stand. Nun werden die Rollen getauscht.

Tipp:
Die Gruppe sollte für diese Übung bereits miteinander vertraut sein. Nicht für alle ist diese umfassende Berührung angenehm – es sollte die Möglichkeit geben, dies zu signalisieren und als Alternative den eigenen Körper auszuklopfen.

Inselfangen

#Aufwärmen #Körper #Reaktion
Gruppengröße: 5–20 · *Komplexität:* ☒☒☒
Anforderungen Raum/Ausstattung: keine

Es werden zwei Personen benötigt, die mit dem Fangen beginnen. Die restliche Gruppe steht mit Blick zur Kreismitte, immer zwei Personen stehen als Paar Schulter an Schulter, sie haben zum nächsten Paar ca. einen Meter Abstand und bilden eine sichere Insel. Die beiden, die sich fangen, starten jeweils gegenüberliegend im Außenkreis. Die fliehende Person kann sich retten, indem sie an eine Insel seitlich durch Schulterschluss andockt. Da man aber nur zu zweit eine Insel bilden darf, muss nun die Person auf der anderen Seite der bisherigen Insel loslaufen. Aber Achtung, sie fängt nun!

Tipp:
Einfach ausprobieren!

Jäger und Osterhase

#Aufwärmen #Körper #Konzentration #Reaktion
Gruppengröße: 5–30 · *Komplexität:* ☒☒☐
Anforderungen Raum/Ausstattung: keine

Eine ausdrucksstärkere Variante des »Hey und Ha«-Spiels ist dieses, es eignet sich besonders für jüngere Gruppen. Der Osterhase wird im Kreis herumgegeben, indem man die Arme nach oben reißt und »OSTERHASI« ruft. In die andere Richtung läuft der Jäger, für den man sich mit der Hand auf das Schienbein klatscht und »PIFFPAFF« ruft. Weitere Figuren können nach und nach in abwechselnder Richtung dazugegeben werden, z. B. den Opa, dieser legt die Hand hinters Ohr und fragt mit Stirnrunzeln »HÄH?«. Gott tritt als Letzter auf, bewegt die Arme von oben nach unten im Halbkreis und sagt »OMMMM«. Geht eine Figur verloren, wird von vorn begonnen.

Tipp:
Mit erfinderischen Gruppen kann man über mehrere Theatereinheiten hinweg ein ganzes Figurenensemble entwickeln, allerdings sollte man vor jedem Spielanfang die bisher vorhandenen Figuren nochmals für alle auffrischen.

Katze-Maus

#Aufwärmen #Körper #Konzentration #Namen
Gruppengröße: 5–30 · *Komplexität:* ☒☒☐
Anforderungen Raum/Ausstattung: keine

Die Katze wird durch ein Klatschen symbolisiert, das im Kreis herumgegeben wird. Die Maus huscht unter den Füßen hindurch. Um sie hindurchzulassen, springt man hoch. Die Spielleitung beginnt mit dem Losschicken der Maus. Wenn diese die gegenüberliegende Hälfte des Kreises erreicht hat, wird die Katze hinterhergeschickt. Hat die Katze die Maus eingeholt, ist die Maus gefressen und die Runde beginnt von vorne bzw. bei einem anderen Gruppenmitglied.

Tipp:
Hier können mehrere Versuche nötig sein, die Maus verschwindet gerne unauffällig …

Massagekreis

#Aufwärmen #Gruppe #Körper #Wahrnehmung
Gruppengröße: 5–30 · *Komplexität:* ☒☐☐
Anforderungen Raum/Ausstattung: keine

Die Schultern aller, die im Kreis nebeneinanderstehen, berühren sich. Die Hände werden zu kleinen Schalen geformt. Dann drehen sich alle nach links und klopfen mit den Schalenhänden den Rücken der Person vor ihnen ab. Als nächstes kann man sich etwas nach links aus dem Kreis lehnen und die linke Außenseite abklopfen, dann die rechte Innenseite, je von der Schulter bis zur Fußzehe.

Wieder aufrecht kann man alles ausstreichen, vom Nacken bis zu den Füßen, den Rücken kräftiger ausstreichen. Geübtere Gruppen können den Rücken sogar etwas warmschrubben und die Schultern massieren.

Schließlich drehen sich alle zur Mitte zurück, hängen mit dem Rücken in die Mitte gen Boden aus und richten sich zum Abschluss langsam, Wirbel für Wirbel auf in den Stand.

Pferderennen

#Aufwärmen #Körper
Gruppengröße: 2–30 · *Komplexität:* ☒☐☐
Anforderungen Raum/Ausstattung: keine

Die Spielleitung erzählt die Geschichte eines Pferderennens, wobei alle Gruppenmitglieder die Pferde darstellen und die Bewegungen der Spielleitung während der Geschichte mitmachen. Die Pferde sind nervös im Stall (leichtes Klatschen der Hände auf die Oberschenkel, tippeln auf der Stelle), die Tore öffnen sich, das Rennen geht los (schnelleres Klatschen, auf der Stelle im »Galoppschritt« hüpfen), Wassergraben (alle springen hoch und reißen die Arme hoch), die Pferde traben weiter, Hindernis (alle springen hoch und rufen »OOOOH«), Doppelhindernis (alle springen zweimal hoch und rufen »OOOOH, AAAAH«), Linkskurve (alle gehen seitlich im Kreis nach links), Rechtskurve (dasselbe nach rechts), weitere Hindernisse, Kurven, Gräben … dann: die Zielgerade (alle klatschen nochmals kräftig auf die Schenkel und Stampfen auf der Stelle) und Ziel (großer Jubel).

Soundball

#Aufwärmen #Improvisation #Körper
Gruppengröße: 5–20 · *Komplexität:* ☒☒☐
Anforderungen Raum/Ausstattung: keine

Man wirft hier einen imaginären Ball mit großer Mimik, großem Ausdruck und einem passenden Geräusch zu einer Person im Kreis gegenüber. Diese muss genau darauf achten, den Ball adäquat anzunehmen und auch das Geräusch beim Fangen nachahmen zu können. Sie wirft dann aber sofort mit neuem Geräusch weiter (laut und kräftig!). Wenn das Prinzip klar ist, verändert der Ball ständig Größe und Gewicht.

Stampfkreis

#Aufwärmen #Körper
Gruppengröße: 1–30 · *Komplexität:* ☒☐☐
Anforderungen Raum/Ausstattung: keine

Die Gruppenmitglieder stehen im Theaterstand. Die Füße werden nacheinander wenige Zentimeter vom Boden abgehoben und leicht aufstampfend wieder aufgesetzt. Die Stampfschritte (auf der Stelle) werden immer schneller und lauter, bis die schnellstmögliche Stampfgeschwindigkeit erreicht ist, diesen Höhepunkt noch fünf Sekunden gemeinsam aushalten, bevor gestoppt wird und Arme und Beine ausgeschüttelt werden.

Stift

#Aufwärmen #Körper #Konzentration #Rhythmus
Gruppengröße: 5–20 · *Komplexität:* ☒☒☐
Anforderungen Raum/Ausstattung: ein Stift

Ein Stift wird im Kreis herumgereicht. Dazu spricht man die folgenden Worte im Takt so, dass jedes Gruppenmitglied einen Satz übernimmt, solange es den Stift in der Hand hält. Es geht also darum, die Sprache wie auch die Bewegung im Takt zu koordinieren.

Das ist ein Stift! (Person 1 hält den Stift vor Person 2)
Ein Stift? (Person 2 nimmt den Stift)
Ja, das ist ein Stift? (Person 1)
Das ist ein Stift! (Person 2 hält den Stift vor Person 3)
Ein Stift? (Person 3 nimmt den Stift)
usw.

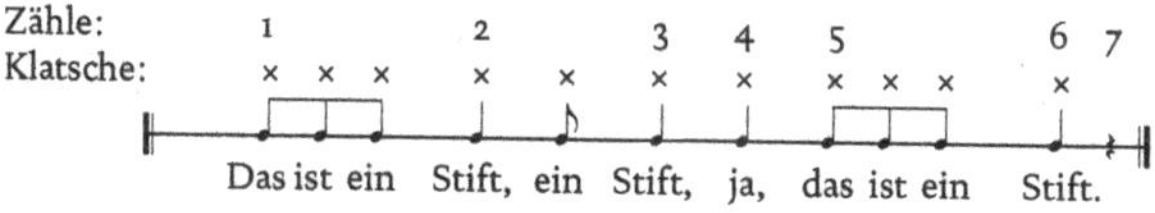

Abb. 3: Das ist ein Stift Taktnotation
Quelle: www.schoolmester.de – CC-SA-BY-NC

Tipp:
Bei dieser Übung kommt der Spaß auf, sobald sich ein durchgehender Rhythmus einstellt. Dazu hilft es, zunächst den Text zu üben und eine rhythmische Betonung zu finden, die sich gut wiederholen lässt. Wenn es mit einem

Stift gut klappt, können mehrere Stifte synchron durch den Kreis wandern.

Swisch-Boing-Pow oder Swing-Klong-Pow

#Körper #Konzentration #Präsenz
Gruppengröße: 5–30 · *Komplexität:* ☒☐☐
Anforderungen Raum/Ausstattung: keine

Dieses Spiel hat verschiedene Namen und Varianten und gehört damit zu den absoluten Klassikern des Aufwärmens. Es ist darüber hinaus ein tolles Präsenztraining und übt sehr gut den neutralen Theaterstand, sofern die Spielleitung dies immer wieder aktiv einfordert (z. B. Arme nicht verschränken, Hände aus den Hosentaschen …) bzw. ihn bewusst zur Aufgabe für alle macht, die gerade nicht aktiv »dran« sind.

Im Kreis wird zunächst geübt, ein Klatschen nach links weiterzugeben. Dabei soll nicht »überholt« werden und das Klatschen laut und deutlich mit einer Körperdrehung zur benachbarten Person gesendet werden. Klappt das, kommt zum Klatschen der laut ausgesprochene erste Begriff »SWISCH« hinzu. Der zweite Begriff »BOING« wird mit erhobenen Armen und seitlicher Drehung zum Nachbarn oder zur Nachbarin, von dem oder der ein »Swisch«-Impuls gesendet wurde, ausgesprochen und markiert einen Richtungswechsel. Sind die beiden Begriffe eine Weile unterwegs, wird schnell klar, dass das Geschehen oft in einem Teil des Kreises hängen bleibt. Als Lösung dieses Problems folgt die Einführung des dritten Begriffs »POW«, der mit einem markanten »P« und einer zeigenden Armbewegung sowie Blickkontakt durch den Kreis zu einer ausgewählten Person geschickt werden kann. Diese entscheidet nun, ob und in welche Richtung sie ein »Swisch« weitergibt oder alternativ ein »Pow« an eine andere Person anschließen möchte. »Boing« ist auf »Pow« nicht erlaubt.

Es ist sehr schön zu sehen, wie eine Gruppe bei regelmäßiger Wiederholung des Spiels lauter, schneller und präsenter wird, sofern die Spielleitung die volle Präsenz beim Klatschen und Weitergeben des Begriffs immer wieder einfordert. Hier kann z. B. der Hinweis helfen, dass stets versucht werden soll, mindestens die Lautstärke der vorhergehenden Person beizubehalten.

Variante:
Mit »Swing-Klong-Pow« wird eine etwas musikalischer klingende Variation folgendermaßen angeleitet. Das »SWING« wird mit einem Hüftschwung im Kreis herum weitertransportiert, »KLONG« wechselt die Richtung, indem man sich deutlich mit überkreuzten Armen dem nebenstehenden Gruppenmitglied entgegenstellt und »POW« schickt das Signal wie in der ersten Version über den Kreis hinweg.

Tipp:
Mehr Konzentration kann unter Umständen auch mit verschärften Regeln entstehen: Wer »verpennt« oder die falsche Geste bzw. den falschen Begriff verwendet, fliegt raus.

Toaster

#Aufwärmen #Körper #Konzentration #Reaktion
Gruppengröße: 5–20 · *Komplexität:* ☒☒☐
Anforderungen Raum/Ausstattung: keine

Auch dieses Spiel arbeitet mit einer Reihe von Begriffen, die pantomimisch dargestellt werden. Ein Gruppenmitglied steht in der Kreismitte und zeigt auf eine Person im Kreis, die daraufhin die Mitte einer dreiteiligen Figurengruppe bildet, zu der sich die beiden Nachbarn ergänzen. Welche Figurengruppe gebildet werden muss, ruft man beim Zeigen dazu. Die einzelnen Figuren werden zuvor erläutert. Die Person in der Kreismitte ist gleichzeitig als Schiedsgericht tätig und ruft Gruppenmitglieder zur Ablöse, die zu spät reagieren oder etwas entgegen der Festlegung »falsch« ausführen.

Es gibt die Begriffe:

- Palme: Die mittlere Person bildet mit hochgestreckten Armen den Stamm, die beiden anderen die Palmwedel, die sich leicht von links nach rechts im »Wind« bewegen.
- Toaster: Die beiden Äußeren halten sich an den Händen und umschließen die mittlere Person, diese hüpft hoch und ruft »PLING«.
- Kaputter Toaster: Die beiden Äußeren reichen sich die Hände und umschließen die mittlere Person, die beiden Äußeren hüpfen hoch und rufen »PLING«.
- Elefant: Die Mitte formt mit den Armen einen Rüssel, die Gruppenmitglieder links und rechts die Ohren des Elefanten.

- Affen: Die Mitte hält sich den Mund zu, die Person auf der rechten Seite die Ohren, die Person links die Augen.
- Gummibärchen: Die Mitte überkreuzt die Arme, die Nachbarn strecken die Zunge heraus und schlecken genüsslich (mit Abstand!) einmal von unten nach oben an der mittleren Person hoch.
- Mixer: Die Mitte hält ihre Hände rechts und links in Kopfhöhe über die benachbarten Personen, die sich mit lautem Maschinengeräusch um die eigene Achse drehen.

Auch hier können von der Gruppe weitere Begriffe und Bilder erfunden werden, z. B. auch für James Bond, Titanic, Waschmaschine …

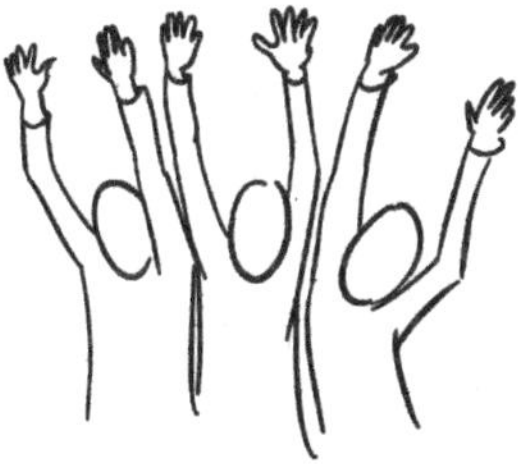

Abb. 4: Stellung Palme

Variante:
Wer einen Fehler macht, muss um den Kreis laufen. Die entstehenden Lücken müssen von den nebenstehenden Personen überbrückt werden. Die Person in der Kreismitte tauscht dann auf Ansage der Spielleitung durch.

Tipp:
Zur Beruhigung sei gesagt, dass es nicht um die minutiöse Umsetzung der hier genannten Beschreibung geht, sondern um eine Festlegung für die Gruppe, wie die Figuren darstellt werden – nur Mut zur eigenen Interpretation.

Wenn es stockt, hat die Person in der Mitte die Möglichkeit, sehr schnell Begriffe hintereinander anzusagen, damit viele gleichzeitig beschäftigt sind und Stress ausbricht – das erhöht die Fehlerquote deutlich.

Was ist?

#Improvisation #Körper #Sprechgestaltung
Gruppengröße: 3–20 · *Komplexität:* ☒☐☐
Anforderungen Raum/Ausstattung: keine

Im Kreis fragt die Spielleitung die links nebenstehende Person »Was ist?«. Diese antwortet mit »Nichts«. In der Kreisrichtung fragt diese nun auf ihrer linken Seite weiter »Was ist?« usw. Der kurze Dialog wird über die jeweils benachbarten Personen weiter im gesamten Kreis herumgesendet, wobei nun die durch Mimik und Gestik ausgestaltete »Deutung« der Worte immer stärker variiert werden kann. In Runde zwei unbedingt darauf achten, dass alle Mitglieder in neutralem Theaterstand beginnen und auch die Möglichkeit nutzen, den Abstand während des kurzen Dialogs zueinander durch einen Schritt zu verringern oder zu vergrößern und die gesamte Körpersprache zu nutzen.

Variante:
Selbiges Dialogprinzip kann mit »Ja« und »Nein« ausgeführt werden, wobei nicht zwangsläufig »Ja« und »Nein« streng abgewechselt werden müssen, denn auch »Ja!« kann als Antwort auf »Ja?« spannend sein und andersherum.

Mögliche Nachbesprechung:
Gestaltungs- und Deutungsmöglichkeiten der entstehenden Beziehungen, Situationen, Statusverhältnisse usw. über unterschiedliche Lautstärke, Tonlage, Körpersprache thematisieren.

Wunderdings

#Imagination #Improvisation
Gruppengröße: 5–20 · *Komplexität:* ☒☒☐
Anforderungen Raum/Ausstattung: keine

Die Spielleitung beginnt damit, pantomimisch aus einem Klumpen einen imaginären Gegenstand zu formen, z. B. eine Zahnbürste, und führt den Gegenstand durch eine kurze Benutzung vor (Zähneputzen). Der Gegenstand wird dann wieder zum Klumpen zusammengeballt und durch den Kreis reihum weitergegeben. Auf wundersame Weise verändert sich der Klumpen so zu einer Vielzahl von neuen Dingen.

Variante:
Hier geht es eher um die Materialität, weniger um einen konkreten Gegenstand. Die Konsistenz (Gewicht, Form, Größe, Material) des Klumpens ändert sich laufend und

wird entsprechend von Person zu Person durch den Kreis geworfen und gefangen, dazwischen muss sie nicht mehr zusammengeballt werden. Ein Klumpen Schleim kann sogar mit einer anderen Mimik angenommen werden als ein Wattebäuschchen.

3.3 Raumlauf

Ganz grundsätzlich ist der Raumlauf ein Mittel, das sehr gut als Ausgangsituation für Übungen taugt, in denen die Gruppenmitglieder alle gleichzeitig beschäftigt werden sollen. Je nach Aufgabe kann es darum gehen, das Ensemble zu schulen und die anderen stets im Blick zu behalten oder individuell zu experimentieren und Erfahrungen zu sammeln. Die Laufwege führen dabei in gemütlicher und doch zielstrebiger Geschwindigkeit durch den Raum, sie sollen stets die gesamte Spielfläche ausnutzen und immer wieder neu sein, d. h. keine »stupiden« Kreise, daran muss man immer wieder erinnern.

Sofern keine andere Anweisung erfolgt, bleibt beim Raumlauf möglichst jedes Gruppenmitglied bei sich und stumm. Das ist gerade am Anfang für jüngere Lernende eine Herausforderung, es hilft, wenn dann zügig Aufgaben hinzukommen, auf die man sich konzentrieren muss. Auch häufigere Wiederholungen des Raumlaufs helfen.

Eine wichtige Komponente ist der »periphere Blick«, den man erreicht, indem man im Prinzip geradeaus in die Ferne schaut und so aus den Augenwinkeln das ganze Ensemble im Blick behält. Dieser Blick ist für die Arbeit auf der Bühne entscheidend, um stets wachsam mitzuverfolgen, welche

Aktionen die anderen gerade ausführen und entsprechend agieren und reagieren zu können. Die folgenden Übungen helfen dabei, den Raumlauf spielerisch zu trainieren.

Stop und Freeze

An dieser Stelle müssen auch diese beiden Begriffe eingeführt werden. »Stop« bedeutet ein lockeres Anhalten aus einer Bewegung heraus, wobei man sich in eine lockere, sichere und stabile Haltung begibt und dennoch möglichst zügig stehen bleibt. »Freeze« hingegen ist ein abruptes Einfrieren in Anspannung, so dass die Haltung, aus der das Abstoppen kommt, noch ersichtlich bleibt. Freeze zu halten ist anstrengend, die Spielleitung sollte hier darauf achten, dass diese Momente nicht unnötig lange, z. B. während Erklärungen, gehalten werden müssen und dadurch in ihrer Intention und Wirkung verwässern.

Raumlauf als Tablett (Baustein 1)

#Aufwärmen #Gruppe #Körper #Wahrnehmung
Gruppengröße: 5–30 · *Komplexität:* ☒☐☐
Anforderungen Raum/Ausstattung: keine

Eine gute Anfangsübung zur Einführung in den Raumlauf ist die Vorstellung, dass der Boden ein Tablett auf dem Arm einer Bedienung im Café sei. Die einzelnen Mitglieder der Gruppe müssen sich nun so auf dem »Tablett« bewegen, dass es immer im Gleichgewicht ist und nie nach einer Seite kippt. Die Spielleitung kann den Lauf immer wieder unterbrechen und durch ein vorher festgelegtes Signal, z. B. Klatschen, zum »Freeze« auffordern. Dann kann die gleichmäßige Verteilung überprüft werden, bevor die Gruppe wieder weiterläuft.

Raumlauf in wechselnden Geschwindigkeiten (Baustein 2)

#Aufwärmen #Gruppe #Körper #Wahrnehmung
Gruppengröße: 1–30 · *Komplexität:* ☒☐☐
Anforderungen Raum/Ausstattung: keine

Der Raumlauf beginnt wie beim Tablett. Die Spielleitung legt die vorherrschende »normale Gehgeschwindigkeit« auf einer Stufe von 1 bis 5 fest, z. B. als Geschwindigkeit 2. Nun kann die Gruppe die weiteren Geschwindigkeitsstufen ausprobieren, indem die Spielleitung die Stufen ins Gehen hineinruft. Bei Geschwindigkeit 3 sollte sich die Gehgeschwindigkeit etwas steigern, bei 5 sollte das Maximum erreicht sein und bei 0 ist das Freeze angesiedelt. Wenn alle Geschwindigkeiten ihre Normierung gefunden haben, kann die Spielleitung die Zahlen in kurzer Abfolge in den Raum geben und die Gruppe muss möglichst schnell reagieren und ihre Schrittgeschwindigkeit wechseln. Die Spielleitung sollte sich klar machen, ob sie die Übung zum sportlichen Aufwärmen oder zum Trainieren des »Tabletts« und des peripheren Blicks nutzen möchte, da die zuletzt genannten Komponenten bei den höheren Geschwindigkeiten immer schwieriger im Blick zu behalten sind.

Tipp:
Die Übung kann zum sportlichen »Turbo-Aufwärmen« erweitert werden, indem man weitere Kommandos wie »hin-

legen«, »hinsetzen«, »auf den Rücken legen«, »rückwärtslaufen«, »auf einem Bein hüpfen« etc. zwischen die Gangarten einbaut und die Wechsel relativ zügig durchführt.

Raumlauf mit Stopps (Baustein 3)

#Aufwärmen #Gruppe #Körper #Wahrnehmung
Gruppengröße: 3–30 · *Komplexität:* ☒☐☐
Anforderungen Raum/Ausstattung: keine

Hierzu beginnt man wieder im Raumlauf und erinnert die Gruppe daran, alle Ecken des Raumes auszunutzen, immer neue Wege zu gehen usw. Die Spielleitung verkündet nun die Regel: Wenn ein Gruppenmitglied stehen bleibt, bleiben alle unbewegt stehen, und zwar so schnell wie möglich, jedoch in stabilem Stand.

Wer diese erste Person ist, wird bewusst nicht festgelegt. Nachdem alle den Stillstand für einen Moment ausgehalten haben, löst die erste losgehende Person das gemeinsame Weitergehen aus. Der Zeitpunkt und die auslösende Person werden auch für diesen Impuls nicht vorgegeben. Diese Übung trainiert den peripheren Blick und die Wahrnehmung für die Gruppe enorm.

Variante:
Mit geübten Gruppen kann man dieses Spiel mit dem »Raumlauf in wechselnden Geschwindigkeiten« (siehe S. 72) verbinden und die losgehende Person legt gleichzeitig mit ihren ersten Schritten die neue Geschwindigkeit nach dem Freeze fest.

Tipp:
Es funktioniert besser, wenn die Wechsel der Steh- und Gehphasen jeweils eine Weile ausgehalten werden, bevor jemand den Wechsel auslöst. Außerdem kann man üben, das Stehenbleiben und Losgehen jeweils deutlich und entschieden zu vollziehen.

Raumlauf mit Gangarten (Baustein 1)

#Aufwärmen #Gruppe #Körper #Wahrnehmung
Gruppengröße: 2–30 · *Komplexität:* ☒☐☐
Anforderungen Raum/Ausstattung: keine

Hier gibt die Spielleitung einzelne Anweisungen für einen körperlichen Fokus in den Raumlauf hinein. Zügige Wechsel bzw. Wiederholungen sind möglich. Dies ist eine schöne Vorübung, um z. B. in die Rollenarbeit einzutauchen, wenn die Gangart eines Figurencharakters entwickelt werden soll.

Mögliche Anweisungen sind: Laufen auf

- den Innenkanten der Füße
- den Außenkanten der Füße
- den Fersen
- den Zehenspitzen
- mit durchgedrückten Knien
- mit weichen Knien
- mit aufrechten Schultern
- mit hängenden Schultern
- wie ein weiches Tuch
- wie ein harter Stock

- rückwärts
- mit dem Bauch voraus
- auf einem Bein
- mit großen Schrittlängen
- mit kleinen Tippelschritten
- mit O-Beinen usw. …

Raumlauf mit Fantasie (Baustein 2)

#Aufwärmen #Gruppe #Imagination #Körper #Wahrnehmung
Gruppengröße: 2–30 · *Komplexität:* ☒☐☐
Anforderungen Raum/Ausstattung: keine

Diese Übung folgt demselben Prinzip, hier ist jedoch mehr Gestaltungsspielraum offen, da der Fokus eher metaphorisch bzw. bildlich ist. Alle laufen z. B.

- auf verschiedenen Untergründen
  - als ob der Boden spitzige Stacheln hätte
  - auf rohen Eiern
  - auf Glatteis
  - auf klebrigem Kaugummi
  - durch hohen Schnee
  - über heißen Sand
  - wie durch Wasser/Feuer/Matsch/Sturm (siehe die »Elemente«, S. 130)
- in unterschiedlicher körperlicher Verfassung
  - mit Gummigliedern
  - mit letzter Kraft
  - wie Personen, die im Lotto gewonnen haben

  - wie ein alter gebrechlicher Mann
  - betrunken
  - majestätisch
  - militärisch
  - leise wie eine Katze
  - im Hoch/-Tiefstatus
- als Fantasy- oder Märchenfigur
  - als Zwerge
  - als Riesen
  - wie auf Löwenjagd
  - wie Roboter
  - wie in einem fremden Land, in dem man sich auf völlig neue Art begrüßt
  - wie beste Freundinnen beim Einkaufsbummel
  - wie weitere Tiere

Raumlauf mit Freund & Feind (Baustein 3)

#Aufwärmen #Gruppe #Körper #Wahrnehmung
Gruppengröße: 5–20 · *Komplexität:* ☒☐☐
Anforderungen Raum/Ausstattung: keine

Hier entsteht ein lustiges Kuddelmuddel im Raumlauf, indem folgende zwei Aufgaben gestellt werden: Wähle dir eine Person im Raum, die dich anzieht und der du dich möglichst annähern möchtest. Wähle dann eine zweite Person aus, mit der du auf größtmöglichem Abstand bleiben willst (beides gilt natürlich nur für dieses Spiel!).

Diese Aufgaben müssen nun gleichzeitig im Raumlauf ausgeführt werden, stehen bleiben gilt nicht.

Variante 1:
Die Übung kann in einer zweiten Runde mit der Beobachtungsübung verknüpft werden, von wem man verfolgt bzw. gemieden wurde.

Variante 2:
Der Auftrag lautet nun: »Verfolge und meide möglichst unauffällig …«

Raumlauf mit Ziel (Baustein 1)

#Aufwärmen #Improvisation #Körper #Raum #Wahrnehmung
Gruppengröße: 2–30 · *Komplexität:* ☒☒☐
Anforderungen Raum/Ausstattung: keine

Bei den bisherigen Raumläufen führte der periphere Blick zu einer Beobachtung der Gruppe bzw. einzelner Gruppenmitglieder und einer daraus resultierenden Wahl der Wegstrecken im Raum. Bei diesem Raumlauf kommt nun eine individuelle Entscheidung hinzu, die den Weg beeinflusst und sich in klarer und präsenter Haltung ausdrücken soll. Das Prinzip der Übung ist, dass alle Gruppenmitglieder im Raumlauf spontan ein Ziel für ihre nächste Strecke festlegen. Das kann z. B. ein konkreter Punkt am Boden sein oder die untere rechte Ecke des Fensterrahmens, der Papierkorb usw. Ab dem Moment der Entscheidung, die alle still und nur für sich treffen, wird dieses Ziel anvisiert und Laufrichtung, Blick und Körperhaltung werden zielstrebig darauf ausgerichtet. Ist die Person an ihrem Ziel angekommen, wird dort abgebremst und die Entscheidung für ein neues

Ziel getroffen. Auch diese nächste Entscheidung führt zu einer klaren neuen Ausrichtung, bis das nächste Ziel erreicht ist usw.

Tipp:
Es hilft nachzuschärfen, was das »Ankommen« am Ziel ausmacht. Ist es ein lang gehaltener Blick auf die Stelle am Boden, berührt man den Papierkorb mit der Hand oder genügt ein bewusster Atemzug?

Raumlauf mit Ziel und Geschwindigkeit
(Baustein 2)

#Aufwärmen #Improvisation #Körper #Raum #Wahrnehmung
Gruppengröße: 2–20 · *Komplexität:* ☒☒☐
Anforderungen Raum/Ausstattung: keine

Auf die vorherige Übung aufbauend, kann der Spielraum in den folgenden Schritten Stück für Stück erweitert werden. Zuerst soll jedes Ziel mit einer anderen Geschwindigkeit angesteuert werden. Auch jetzt liegt das Augenmerk auf der klaren Entscheidung und einer konsequenten Umsetzung des Weges zum nächsten Ziel. Im zweiten Schritt können die Strecken in unterschiedlichen Gangarten ausgeführt werden, also z. B. hüpfend, schleichend, kriechend usw. Auch hier bildet ein klares Ankommen das Abschlusselement der Wegstrecke, bevor ein neues Ziel in einer anderen Gangart anvisiert wird.

Raumlauf mit Ziel und Emotion (Baustein 3)

#Aufwärmen #Improvisation #Raum #Wahrnehmung
Gruppengröße: 2–20 · *Komplexität:* ☒☒☒
Anforderungen Raum/Ausstattung: keine

In einem dritten Schritt kann die Wegstrecke mit einer Emotion belegt werden. Sie beeinflusst Geschwindigkeit, Körperhaltung und Gangart, gegebenenfalls sogar die Mimik und darf sich auch über die Strecke hinweg in ihrer Ausprägung entwickeln. Es kann also z. B. einem Gruppenmitglied in seiner Entscheidung klar sein, dass das nächste Ziel »traurig« erreicht werden soll. Auf dem Weg kann diese Traurigkeit aber verschiedene Formen annehmen und endet mit dem sich daraus entwickelnden passenden Abschluss beim Erreichen des Ziels. Das nächste Ziel wird nach einer kurzen Neutralisierungspause in einer neuen Emotion angesteuert.

Raumlauf mit Ziel als Gruppenimpro (Baustein 4)

#Improvisation #Körper #Raum #Wahrnehmung
Gruppengröße: 5–20 · *Komplexität:* ☒☒☒
Anforderungen Raum/Ausstattung: keine

Bisher liegt der Übungsfokus für jedes Gruppenmitglied bei sich selbst. Die Spielleitung kann bei der Anleitung diese singuläre Konzentration nun öffnen, indem die Aufforderung gestellt wird, ganz bewusst auch andere Gruppenmitglieder und deren Vorgänge im Raum wahrzunehmen.

So kann man nun beispielsweise, wenn sich die Gelegenheit ergibt, einer anderen Person ohne Worte das ausgewählte Ziel zeigen oder einem anderen Gruppenmitglied zu seinem Ziel folgen und den eigenen Weg dadurch verlassen etc. Hieraus ergeben sich oft schöne und spielerische Gruppenimprovisationen. Falls dem so ist, kann es auch Sinn machen, einzelne Akteure nach und nach aus dem Geschehen für eine kurzzeitige Publikumssituation nach draußen zu holen und in einer Reflexion »spannende beobachtete Momente« beschreiben zu lassen.

Clan-Spiel

#Aufwärmen #Gruppe #Körper #Reaktion
Gruppengröße: 2–30 · *Komplexität:* ☒☐☐
Anforderungen Raum/Ausstattung: keine

Alle Gruppenmitglieder bewegen sich im Raum – niemand nimmt Kontakt zu den anderen auf. Auf ein Zeichen der Spielleitung bilden sich so schnell wie möglich zusammenstehende Gruppen:

- alle mit der gleichen Haarfarbe
- alle mit derselben Augenfarbe
- Frühjahr/Sommer/Herbst/Winter-Geburtstagskinder
- aus demselben Ortsteil

Drehtür (nach Andrew Morrish)

#Aufwärmen #Gruppe #Körper #Präsenz #Stimme
Gruppengröße: 2–30 · *Komplexität:* ☒☒☐
Anforderungen Raum/Ausstattung: keine

Zunächst blinzelt man im Raumlauf allen Personen zu, mit denen sich die Wege kreuzen. Auf Ansage der Spielleitung führt man als nächste Etappe bei jeder Begegnung den gemeinsamen Tanzschritt »Drehtüre« aus. Dafür streckt man die Arme rechts und links vom Körper seitwärts auf Schulterhöhe weg, hält sich an einer Hand gegenseitig fest und dreht die Hüfte nach links, so dass man, sich gemeinsam im Kreis drehend, laufen kann.

Nächste Etappe: Drehtüre im »Flamenco-Style«, d. h. mit zurückgenommenen Schultern, stolzer Haltung, energischem Schritt und am Ende mit »Hand-hoch-werf-Bewegung« und lautem »OLÉ«!

Als Steigerung folgt die Drehtüre »Cowboy-Style«, d. h. auf einem Bein hüpfend mit einer Hand in die Luft schießend bei jedem Schritt, zuletzt dann im »Roboter-Style«, d. h. man macht kleine abgehackte Schritte, und ein klägliches maschinenhaftes »PIEP« am Ende zum »Abschied«.

Mit freundlicher Genehmigung von Andrew Morrish.

Meet and greet

#Aufwärmen #Gruppe #Improvisation #Körper #Wahrnehmung
Gruppengröße: 2–30 · *Komplexität:* ☒☐☐
Anforderungen Raum/Ausstattung: keine

Weitere Aufgaben, die man in den Raumlauf geben kann:
Wer sich begegnet,

- bleibt voreinander stehen und schaut sich in die Augen, bis ein Lächeln unvermeidbar ist, erst dann wird weitergegangen
- hüpft drei Mal voreinander hoch und das möglichst synchron
- winkt sich zu
- zwinkert sich zu
- grüßt höflich, arrogant, beleidigt, wütend, mit amerikanischer Riesenfreude, zu Tode betrübt, wie eine Königin … (dabei alle Begriffe ca. 30 Sekunden ausführen lassen)

Simon says

#Aufwärmen #Körper #Konzentration
Gruppengröße: 5–20 · *Komplexität:* ☒☒☐
Anforderungen Raum/Ausstattung: keine

Eine Person leitet mit Kommandos an, die anderen folgen diesen allerdings nur, wenn vor dem Kommando »Simon says« gesagt wird. Befiehlt die leitende Person »Hinsetzen«, müssen alle stehen bleiben, denn nur bei »Simon says: Hinsetzen« ist Hinsetzen richtig. Gute Kommandos sind »laufen«, »rückwärtslaufen«, »auf einem Bein hüpfen«, »hinlegen«, »einen Arm schütteln« …

Harte Version: Wer schläft, fliegt raus! Das geht so lange, bis eine Person übrig bleibt, diese kann eine zweite Runde anleiten.

Weiche Version: Wer schläft, muss eine elegante Verbeugung mit »SORRY SIMON« einbauen.

You

#Aufwärmen #Gruppe #Körper #Raum #Wahrnehmung
Gruppengröße: 2–30 · *Komplexität:* ☒☐☐
Anforderungen Raum/Ausstattung: Musik

Eine weitere Variante des Raumlaufs, die gut mit Musik funktioniert. Die Vereinbarung lautet: Bei Musikstopp zeigen alle auf einen Gegenstand im Raum und rufen dazu laut und deutlich »YOU«. Welcher Gegenstand es ist, wird von der Spielleitung in den Musikstopp gerufen (z. B. grüner Rucksack). Man kann hier den Fokus auf Präsenz in Körpersprache und Stimme sowie den gemeinsamen Impuls (Gleichzeitigkeit) legen.

Variante:
Bei Musikstopp schließen die Gruppenmitglieder die Augen und zeigen blind (und ohne »You«) auf den Gegenstand bzw. dorthin, wo er sich der Einnerung nach befand. Dies kann auch mit dem Namen eines Gruppenmitglieds lustig sein, dieses hat sich ja gerade selbst noch durch den Raum bewegt.

Gleichgewichtskreisel

#Aufwärmen #Körper #Konzentration
Gruppengröße: 5–20 · *Komplexität:* ☒☐☐
Anforderungen Raum/Ausstattung: keine

Die Übung beginnt im Theaterstand, von dem aus das Gewicht etwas nach vorne verlagert wird, so dass die Fersen leicht abheben. Nun kommt man zurück zur Mitte, um dann nach hinten zu kippen. Schließlich kann man jeweils ausloten, wie weit man das Gewicht nach vorn und hinten verlagern kann, bevor man einen Ausgleichsschritt machen muss. Dann sollten die Gruppenmitglieder in der nächsten Runde so weit gehen, dass sie die »Kipp«-Grenze gezielt ausloten, so dass ein Ausgleichsschritt nötig wird. Schließlich kann man dieselbe Gewichtsverlagerung nach rechts und links durchführen.

Nun verbindet man, ohne den Ausgleichschritt machen zu müssen, nach und nach alle vier Richtungen miteinander, so dass der Körper in eine Kreiselbewegung gebracht wird, die Richtung nach einer Weile wechseln. Abschließend werden die Kreise immer kleiner, bis man zum festen Stand zurückkommt.

Katze-Kuh

#Atmung #Aufwärmen #Körper
Gruppengröße: 1–30 · *Komplexität:* ☒☐☐
Anforderungen Raum/Ausstattung: keine

Die Übung beginnt im Vierfüßlerstand, die Hände sollten sich in einer senkrechten Linie unter den Schultern befinden und der Rücken möglichst gerade sein. Vielleicht hilft dabei die Vorstellung, dass am Kopf und am Steißbein jemand in die jeweils entgegengesetzte Richtung zieht.

Mit dem Einatmen rollt sich die Wirbelsäule zum Katzenbuckel nach oben, Kopf und Hüfte kippen dabei jeweils nach unten. Mit dem Ausatmen beginnt ein langsamer Wechsel in die Gegenbiegung, d. h. Steißbein und Kopf ziehen nach oben, der Rücken senkt sich. Die Vorstellung eines Pferdesattels hilft hier. Diese Bewegungsfolge zehn Mal im eigenen Atemtempo ausführen.

Tipp:
Kann als Auftakt in choreografische Arbeit verwendet werden, in dem die beiden Bewegungen gegenläufig und gruppiert im Raum ausgeführt werden.

•• Marionette am Faden

#Aufwärmen #Körper #Kooperation
Gruppengröße: 2–30 · *Komplexität:* ☒☒☐
Anforderungen Raum/Ausstattung: keine

Die Paare sprechen ab, wer als Marionette beginnt. Die zweite Person übernimmt automatisch die Lenkung und stellt sich vor die Marionette. Die Vorstellung soll nun sein, dass diese Person an allen Körperteilen mit einem imaginären Faden geführt werden kann. Die lenkende Person kann jeweils an einer konkreten Körperstelle der Marionettenperson im Abstand von ca. 10 cm einen imaginären Faden aufnehmen, indem sie Daumen und Zeigefinger aufeinandergelegt so hält, als ob sie einen Faden zwischen diesen beiden Fingern führen würde. So kann sie beispielsweise in diesem Abstand die Schulter der Marionette nach vorne ziehen oder den Arm am Ellenbogen nach oben führen. Wenn sie den Faden loslässt, rastet die Marionette an dieser Stelle ein. Nach einer Weile tauschen.

Tipp:
Kann sehr schön als stumme Gruppen- bzw. Zwischenszene im Rahmen der Stückentwicklung weitergedacht werden.

Sonnengruß

#Atmung #Aufwärmen #Körper
Gruppengröße: 1–30 · *Komplexität:* ☒☒☐
Anforderungen Raum/Ausstattung: keine

Die wohl bekannteste Yoga-Asana (Bewegungsabfolge) ist vermutlich diese. Es gibt zigfache Anleitungen im Internet, auch mit Bild z. B. bei Videoplattformen, sie unterscheiden sich je nach Stilrichtung und man kann sowohl die Anzahl der Durchgänge als auch die Geschwindigkeit der Einzelschritte variieren, jedoch sollte die Atmung ein wesentlicher Bestandteil der Anleitung sein. Für den Theaterbereich nutzt man die ruhige, gleichmäßige sowie präzise Ausführung der Bewegungen. Die Kopplung mit dem Atem taktet den Bewegungsfluss, was einer chorischen Arbeit in ähnlicher Weise zu Grunde liegen kann.

Man beginnt in der Berghaltung (siehe S. 173). Eine mögliche Anleitung könnte lauten:

Führe einatmend die Hände über die Seite nach oben zu einer leichten Rückbeuge, spanne dabei den Bauch an, richte den Blick zum Himmel. Tauche dann ausatmend mit dem Oberkörper nach vorne und unten, Kopf, Arme und Rücken in einer Vorbeuge hängen lassen. Führe nun einatmend zunächst das rechte Bein (*zweite Runde: links*) nach hinten in den Liegestütz, dann das linke Bein (*zweite Runde: rechts*), den Atem dabei halten (für Anfänger können die Knie abgesetzt werden).

Lege ausatmend den Oberkörper mit enganliegenden

Ellenbogen langsam ab, wie bei einer Liegestütze, dann die Knie ablegen. Atme ein und hebe dabei den Oberkörper mit dem Kopf aus der Kraft der Bauchmuskeln heraus leicht an (kleine Kobra). Stelle ausatmend die Zehen auf, schiebe die Hüfte nach hinten zu den Fersen und führe dann das Becken mit Druck aus den Beinen nach oben zum herabschauenden Hund, dabei die Knie leicht gebeugt und den Kopf hängen lassen.

Setze einatmend in einem großen Schritt den rechten Fuß (*zweite Runde: links*) nach vorne zwischen die Hände, hole ausatmend den linken Fuß (*zweite Runde: rechts*) nach zur Vorbeuge. Führe einatmend die Hände vorne nach oben über den Kopf und drücke dich dabei aus den Schenkeln heraus in den aufrechten Stand. Strecke nun ausatmend die Arme über den Kopf, führe nochmals den Blick zur Decke, lasse die Arme sinken und führe die Hände mit den Handinnenflächen vor der Brust zusammen.

Es sollte auf jeden Fall ein zweiter Durchgang folgen, in dem zuerst das linke Bein nach hinten geführt wird und nach dem herabschauenden Hund das linke Bein zuerst nach vorne zu den Händen geholt wird (siehe kursive Klammern).

•• Spiegeln

#Aufwärmen #Improvisation #Körper #Wahrnehmung
Gruppengröße: 2–30 · *Komplexität:* ☒☐☐
Anforderungen Raum/Ausstattung: gerade Anzahl

Die Gruppe teilt sich in Paare auf und es wird festgelegt, wer von beiden mit dem Vormachen beginnt, beide Personen stehen sich dabei gegenüber. Diese erste Person beginnt mit langsamen Bewegungen, am besten zunächst mit Händen und Armen. Möglichst zeitgleich folgt die zweite Person wie in einem Spiegelbild und führt dieselben Bewegungen aus. Nach ca. zwei Minuten wird gewechselt, später können die Wechsel in der Gruppe auch ohne verbale Absprache erfolgen und die Führungsphasen jeweils kürzer dauern.

Tipp:
Nach und nach weiträumigere Bewegungen über die Benutzung des gesamten Körpers und die Berührungen des Bodens miteinbauen. Ein Ziel könnte sein, dass man von außen nicht mehr erkennen kann, wer führt und wer folgt.

•• **Stocktraining: Fang den Stock** (Baustein 1)

#Aufwärmen #Körper #Konzentration
Gruppengröße: 2–20 · *Komplexität:* ☒☐☐
Anforderungen Raum/Ausstattung: halb so viele Stöcke wie Personen (z. B. leichte Bambusstöcke aus dem Gartencenter oder Stockkampfstöcke)

Je zwei Personen stehen sich gegenüber. Die erste Person hält einen Stock quer in Bauchhöhe vor sich. Die zweite Person hält die Handfläche über den Stock mit einer Faustbreit Abstand. Ohne Ankündigung lässt die erste Person nun den Stock fallen, Person 2 muss ihn im Flug fangen, bevor er am Boden aufkommt. Beide greifen den Stock von oben.

Variante:
Der Stock wird mit dem einen Ende auf den Boden aufgestellt und an der oberen Spitze gehalten. Auch hier kann man ihn abrupt loslassen und die zweite Person muss fangen. Dabei kann sie von oben oder von unten greifen. Die Steigerung kann durch einen »Schubsimpuls« des Stocks in verschiedene Richtungen erfolgen.

Tipp:
Bei dieser Variante besteht die Möglichkeit, eine emotionale Ebene zu thematisieren. Die Person, die im Besitz des Stocks ist, kann sehr gnädig oder auch fordernd sein und besitzt definitiv eine Machtposition gegenüber der auffangenden Person. Dies kann selbstverständlich genüsslich ausgespielt werden, aber Achtung: durch den Wechsel besteht die Möglichkeit zur Revanche.

•• **Stocktraining: Wanderstock** (Baustein 2)

#Aufwärmen #Körper #Konzentration #Tanz
Gruppengröße: 2–20 · *Komplexität:* ☒☒☐
Anforderungen Raum/Ausstattung: einheitliche Stöcke oder Stäbe / halb so viele wie Personen

Der Stock wird bei einer Person an zwei Auflagepunkten auf dem Körper abgelegt (z. B. Armbeuge und Schulter). Die zweite Person nimmt den Stock ab und nutzt dazu nicht wie gewöhnlich die Hände, sondern spannt oder stützt ihn ebenfalls mit Hilfe zweier Auflagepunkte (z. B. Ellenbogen und Handgelenk). So wird der Stock zwischen den beiden Personen über möglichst vielfältige Körperhaltungen hin- und hergegeben und führt dazu, immer kreativere bzw. gewagtere Auflagepunkte zu finden, wodurch auch die Körperhaltungen sehr herausfordernd werden können.

Tipp:
Der Boden kann als Bewegungsebene mitgenutzt werden.

•• **Stocktraining: Marionette am Stock** (Baustein 3)

#Aufwärmen #Körper #Konzentration #Tanz
Gruppengröße: 2–20 · *Komplexität:* ☒☒☐
Anforderungen Raum/Ausstattung: Musik, Stock

In Zweiergruppen wird der Stock von beiden Personen gemeinsam geführt, und zwar, indem sie jeweils ein Ende des Stocks mit dem Zeigefinger berühren und durch den gegenseitigen Druck in der Luft halten. Zunächst kann eine Person die Führung übernehmen, die andere folgt dem leichten Druck der Stange in ihren Bewegungen wie eine Art Marionette, dann wird getauscht. Wenn die Paare vertraut mit der Führung sind, kann die Bewegung in einen größeren Bewegungsradius in den Raum überführt werden und »Führen und folgen« können sich immer mehr in gemeinsame Bewegungen auflösen. Mit Musik und der Aufforderung, gezielt alle Raumebenen zu nutzen, kann das Ganze sehr tänzerisch werden.

Variante:
Der Stock wird statt mit dem Zeigefinger mit der ganzen Handfläche geführt. Eine Person schließt die Augen, das

Gegenüber kann nun den Druck verringern (= vorwärts) oder erhöhen (= rückwärts) und so die blinde Person über leichten Druck navigieren. Hierzu benötigt es mehr Platz, weil die Schiebebewegungen deutlich größer und raumgreifender ausfallen. Die Spielleitung sagt die Wechsel an, die auch in kürzeren Abständen erfolgen können. Auch hier ist Musik ein unterstützendes Element.

Strecken und Recken: Oberkörper und Rücken (Baustein 1)

#Aufwärmen #Körper
Gruppengröße: 1–30 · *Komplexität:* ☒☐☐
Anforderungen Raum/Ausstattung: keine

Mit dieser und den weiteren Übungen folgen ein paar körperliche Dehn- und Aufwärmübungen, die man vielleicht aus dem Sport kennt – im Theater dienen sie dazu, den Körper auf seine Expressivität bzw. volle Ausdrucksmöglichkeit vorzubereiten. Sie können alle gut hintereinander gehängt werden.

Zunächst stehen alle mit den Füßen schulterbreit und greifen mit den Armen über Kopf nach oben. Man stellt sich eine Leiter aus dem Himmel vor, der man sich so weit entgegenstreckt, bis man auf den Zehenspitzen steht und abwechselnd mit der linken und rechten Hand die unterste Sprosse zu fassen kriegen möchte (alternativ: Äpfel pflücken).

Die Streckung zur Seite erfolgt mit der Vorstellung, hinter einen Heizkörper zu greifen, der seitlich neben dem Körper steht, um dort zwei Socken hervorzufischen, die sich in der hintersten Ecke verbergen. Achtung, der Oberkörper bleibt dabei frontal ausgerichtet und es zieht der jeweilige Arm den Oberkörper in die seitliche Dehnung, soweit es geht. Seitenwechsel nicht vergessen.

Zuletzt geht es mit geradem Oberkörper nach vorne, der Rücken bildet eine Art »Tisch«, der Nacken bleibt gerade, die Arme gestreckt auf Höhe der Ohren vor- und zurückschieben, dabei jeweils ein- oder ausatmen. Zum Abschluss nach unten locker aushängen, ausatmen und Stück für Stück langsam wieder zum Stand aufrichten.

Strecken und Recken: Schultern (Baustein 2)

#Aufwärmen #Körper
Gruppengröße: 1–30 · *Komplexität:* ☒☐☐
Anforderungen Raum/Ausstattung: keine

Um die Schultern zu lockern, zieht man beide in geradem Stand hoch, dann lässt man sie nach unten fallen, das zehnmal wiederholen.

Nun beginnt man die Schultern zu kreisen, zunächst in kleinen Kreisen, dann stellt man sich vier Punkte vor, die vor, über, hinter und unterhalb der Schulter liegen und verbindet diese zu größtmöglichen Kreisen. Die großen und die kleinen Kreise in beide Kreisrichtungen ausführen.

Die Arme zur Seite führen, die Schultern mit gestreckten Armen zehnmal kreiseln, wobei die Fingerspitzen einen Kreis in die Luft zeichnen und dadurch die Bewegung anführen. Auch hier in beide Richtungen und dabei gleichmäßig atmen.

Strecken und Recken: Gelenke kreiseln
(Baustein 3)

#Aufwärmen #Körper #Konzentration
Gruppengröße: 1–30 · *Komplexität:* ☒☒☐
Anforderungen Raum/Ausstattung: keine

Zunächst wird mit einem Bein begonnen, z. B. mit dem rechten Bein. Mit dem rechten Zeh werden zehn Zentimeter über dem Boden 5–10 kleine Kreise in die Luft gezeichnet, danach in die andere Kreisrichtung weitere 5–10.

Der Fuß bleibt in der Luft, das Fußgelenk kommt nun dazu und der ganze Fuß zeichnet ebenfalls in beide Richtungen Kreise in die Luft. Das Kniegelenk wird als nächstes in die Rotation mit einbezogen, d. h. der gesamte Unterschenkel mit Fuß und Zeh zieht Kreise, die letzte Stufe ist das Hüftgelenk und das gesamte Bein. Die gleichen Vorgänge mit dem zweiten Bein wiederholen und anschließend mit den Armen dieselbe Abfolge gelenkweise von Zeigefinger bis Schulter anhängen.

Tipp:
Für großes Gelächter sorgt die Aufforderung, alles gleichzeitig zu machen – ein Bein und zwei Arme sind immerhin möglich.

Teil II

Den gemeinsamen Prozess vertiefen

1 Schwerpunkte setzen

Die folgenden Anleitungen variieren stärker ihre Ausrichtung, so dass es möglich wird, Bereiche der Theaterarbeit gezielt zu fokussieren. Über Improvisation lässt sich z. B. der natürliche Spielimpuls wecken, spontane Ideen können genutzt und mit Körperausdruck und Stimme kann gestalterisch experimentiert werden. Ein verstärkter Fokus liegt auf der Wahrnehmung für »das Ganze«, also die eigene Position und Bewegung im Verhältnis zu den anderen und dem Raum. Andere Übungen setzen weitere Schwerpunkte im Bereich des Tanzes, über Rhythmus, der Steigerung des Bewegungsausdrucks usw. Es ist daher bei der Auswahl der Übungen empfehlenswert, die Schlagworte in den Blick zu nehmen. Dieser Teil des Buchs soll die Gruppe dazu führen, die Theaterarbeit als ein Training kennenzulernen, in dem Fähigkeiten und Fertigkeiten ausgebildet und eingeübt werden. Es geht darum, durch Training bestimmte körperliche Haltungen und Bewegungen präzise, abrufbar und selbstverständlich werden zu lassen. Gleichzeitig schult sich hier die Fähigkeit, das szenische, narrative Potential zu erkennen, z. B. durch gemeinsame Reflexionsphasen.

Statuswippe

#Körper #Rollenarbeit #Status
Gruppengröße: 2–30 · *Komplexität:* ☒☒☐
Anforderungen Raum/Ausstattung: keine

Die Gruppe sortiert sich in zwei Reihen, die sich so aufstellen, dass jedes Gruppenmitglied ein Gegenüber vorfindet, dem es sich mit Blick und Körper zuwendet. Der Abstand zwischen beiden Reihen beträgt ca. drei Meter. Alle Paare nehmen Blickkontakt auf. Alle Personen der linken Reihe beginnen nun damit, langsam in die Hocke zu gehen, ohne den Blick zu lösen. Wenn sie sich wieder aufrichten, sinkt die rechte Reihe langsam in die Hocke, so dass eine Pendelbewegung der Paare entsteht, die sich auch in ihrer eigenen Geschwindigkeit von der gesamten Reihe lösen darf.

Mögliche Nachbesprechung:
Anhand dieser Übung kann die Arbeit mit dem Status eingeführt werden, wobei zunächst ein grundlegendes Verständnis des Status einer Figur vermittelt werden kann. Diese Übung lässt die Gruppenmitglieder spüren, wann sie sich in einem Hoch- und wann in einem Tiefstatus befinden. Hier geht es nicht nur um den gesellschaftlichen bzw. äußeren Status (z. B. hätte ein König einen hohen Status, ein Diener einen niedrigen), sondern um einen inneren Status, der sich durch die höher oder niedergestellte Körperposition manifestiert.

Für weitere Hintergründe zum Spiel mit dem Status empfiehlt sich die Lektüre von Keith Johnstone *Improvisation und Theater*.[1] Johnstone hat den Begriff ›Statuswippe‹ geprägt.

Mögliche Nachbesprechungsfragen können sein:

- Wie fühlte sich die unterschiedliche Körperhaltung im Verhältnis zum Gegenüber an?
- War Überlegenheit/Unterlegenheit spürbar?
- Wodurch und ab welchem Moment?

• Stumme Monarchie

#Gruppe #Improvisation #Status
Gruppengröße: 5–15 · *Komplexität:* ☒☒☒
Anforderungen Raum/Ausstattung: ein Stuhl

Auch diese Übung spielt mit dem Status. Ein Gruppenmitglied darf sich als »König« oder »Königin« auf einen Stuhl stellen, der den Thron der Monarchie bildet. Der Stuhl ist möglichst so platziert, dass der größte Teil der freien Spielfläche davor und damit zu »Füßen« von König bzw. Königin liegt. Alle anderen bilden auf der Spielfläche als Untertanen einen Pulk, der nun lediglich durch die Augen bzw. den Blick des Gruppenmitglieds auf dem Thron durch den Raum gelenkt wird. Wenn die Person auf dem Stuhl beispielsweise in die linke vordere Raumecke schaut, muss sich der Pulk dorthin bewegen.

1 Vgl. Keith Johnstone, *Improvisation und Theater*, Berlin [10]2010.

Variante 1:
Ein bis zwei Gruppenmitglieder festlegen, die rebellieren.

Variante 2:
Die Gruppe entscheidet, ob sie gehorchen oder rebellieren.

Tipp:
Je langsamer und konkreter die »Anweisungen« der Monarchie erfolgen, desto besser haben die Untertanen die Möglichkeit sie als Pulk umzusetzen.

Mögliche Nachbesprechung:
- Was löst Fügung aus, was bewirkt Rebellion?
- Welche Möglichkeiten hat die »Monarchie«, um mehr Nachdruck zu gestalten?

Wartezimmer

#Improvisation #Rollenarbeit #Status
Gruppengröße: 6–25 · *Komplexität:* ☒☒☐
Anforderungen Raum/Ausstattung: 5 Stühle auf der Bühne, Publikumsstühle, Zahlenkärtchen von 1 bis 5

Die folgende Spielsituation dient zur Weiterarbeit mit dem Status. Hier nehmen die Gruppenmitglieder eine selbstgewählte Rolle ein, die sich ganz gezielt über einen vorgegebenen inneren Status gestalten soll. Innerer Status meint hier das Selbstbewusstsein einer Figur. Ein ausgeprägtes Selbstbewusstsein (hoher innerer Status) kann sich in Lautstärke, raumeinnehmender Gestik, dominierendem Verhalten, herabschauender Behandlung anderer usw. ausdrücken. Ein niedriger innerer Status hingegen zeigt sich in leiser, zurückhaltender Sprache, unauffälligen Bewegungen, schüchterner Partizipation, Kooperation.

Zur Vorbereitung wird der vorgegebene Status in Zahlen auf Kärtchen geschrieben, z. B. von 1 bis 5, 5 ist dabei der Hochstatus, 1 der niedrigste. Die Mitglieder werden in Publikum und Spielgruppe aufgeteilt, wobei die Spielgruppe zu fünft sein sollte. Diese fünf erhalten je eine Zahlenkarte, ohne zu wissen, welche Zahl die anderen haben. Sie verlassen den Raum und kommen mit ca. 30 Sekunden Abstand auf die Bühne. Die Stühle stellen ein Wartezimmer beim Arzt dar, dort improvisieren sie eine Szene, die nach ca. fünf Minuten gestoppt wird. Das Publikum gibt im Anschluss eine Vermutung ab, wer welche Statuskarte hatte.

Tipp:
Wenn die Szene nicht in Schwung kommt, kann die Spielleitung z. B. einen Zeitsprung hineingeben wie »Es ist nun eine Stunde später, nichts ist passiert, der Arzt ist nicht aufgetaucht ...«.

Mögliche Nachbesprechung:
- Durch welche Momente wurde der Status einer Figur klar?
- Was war der äußere, was der innere Status?
- Woran lag es, wenn es nicht ganz klar wurde?

Improvisation ist an sich ein wunderbares Mittel, um Ideen zu generieren und auszuprobieren. Wichtige Grundregel ist dabei, dass es stets gilt, anzunehmen, was von den Gruppenmitgliedern gesetzt wurde. Wenn z. B. eine Person auf der Bühne innerhalb ihres Spiels behauptet, dass vor ihr ein Tisch steht, so müssen auch die weiteren Spielenden diesen Tisch in ihre Raumvorstellung aufnehmen und diesen einbeziehen, sie können also z. B. nicht an dieser Stelle einfach weitergehen und damit durch den Tisch hindurchgehen. Manchmal ist das nicht ganz einfach, da man unter Umständen von den eigenen bereits getroffenen Plänen abweichen muss – genau in dieser geforderten Flexibilität steckt aber auch das Potential von Improvisation und ein großes Übungsfeld.

Mini-Impro nach den Ferien

#Gruppe #Improvisation
Gruppengröße: 5–20 · *Komplexität:* ☒☒☐
Anforderungen Raum/Ausstattung: keine

Alle drehen sich im Kreis nach außen und überlegen sich eine Geste/Pose stellvertretend für ein Ferienerlebnis. Die Spielleitung zählt den Countdown: Auf drei drehen sich alle zur Kreismitte und freezen in ihrer Pose ein. Nun darf der Kopf gelockert werden, um möglichst einen Blick auf alle Posen der anderen zu erhaschen.

Variante:
Danach kommen alle zur neutralen Ausgangspose zurück. Reihum führt jedes Gruppenmitglied die Ferienpose mit einem passenden Geräusch vor, alle anderen machen sie im Echo nach.

Tipp:
Rätselhafte Posen oder interessante Bilder können herausgegriffen und zum kurzen Feriennachgespräch genutzt werden. Im Prinzip kann diese Übung für jedes Thema und somit auch für die Stückentwicklung genutzt werden.

Improstandbild (Baustein 1)

#Aufwärmen #Gruppe #Improvisation #Körper
Gruppengröße: 5–30 · *Komplexität:* ☒☐☐
Anforderungen Raum/Ausstattung: keine

Eine Person (1) betritt die Kreismitte und friert dort in einer ausdrucksstarken Körperhaltung ein. Eine weitere Person (2), die einen Impuls zur Ergänzung hat, tritt in den Kreis und positioniert sich so dazu, dass sich eine stumme und eingefrorene Situation zwischen den beiden Personen ergibt. Diese kann jedoch abstrakt bleiben und muss keine eindeutig lesbare Geschichte abbilden. Beide halten das Freeze noch drei Sekunden, dann verlässt die erste Person (1) den Kreis. Nun kann eine dritte Person die in ihrer Körperhaltung alleine zurückbleibende Person (2) zu einem neuen Bild ergänzen.

Mögliche Nachbesprechung:
Welche Wirkung haben

- die unterschiedlichen Positionen zueinander (wie zugewandt, weggedreht …)?
- unterschiedliche Level (wie stehend, kniend, liegend …)?
- unterschiedliche Gestiken (wirken z. B. ergänzend, kontrastierend, zugeneigt, bedrohlich, aggressiv …)?

Improstandbild (Baustein 2)

#Gruppe #Improvisation #Körper
Gruppengröße: 5–30 · *Komplexität:* ☒☒☐
Anforderungen Raum/Ausstattung: keine

Die Gruppe geht so lange im Raum umher, bis eine Person spontan eine theatralische Position einnimmt und darin einfriert. Die anderen sollen nun darauf reagieren und sich zügig entsprechend der Körperhaltung der ersten Figur zu einem großen Standbild positionieren (zum Zuschauerraum hin). Wenn alle im Freeze sind, wird auf Klatschen der Spielleitung ein gemeinsames Spiel entwickelt. Konfliktreiche Momente sollen dabei möglichst provoziert werden, z. B. ein umstürzendes Regal im Baumarkt, Herzstillstand im Aufzug usw.

Tipp:
Erfahrungen aus den Statusübungen nutzen, z. B. ein Kunde im Hochstatus trifft auf die Supermarktleitung mit Tiefstatus.

•• Ich mag Bananen

#Improvisation #Sprechgestaltung
Gruppengröße: 2–20 · *Komplexität:* ☒☒☐
Anforderungen Raum/Ausstattung: Stühle

Immer zwei Personen aus der Gruppe sitzen sich auf Stühlen gegenüber. Die einzigen Sätze, die in dieser Übung verwendet werden dürfen, sind: »Ich mag Bananen.« und »Du magst Bananen.« Die Sätze dürfen über Körpersprache, Mimik und den Umgang mit den Stühlen (Aufstehen ist ausdrücklich erlaubt) so ausgestaltet werden, dass sich nun ein Dialog zwischen den beiden entspinnt, der über diesen Satz alle möglichen zwischenmenschlichen Emotionen ausdrücken kann. Es geht dabei inhaltlich ausdrücklich nicht um Bananen. Der Text fungiert als Platzhalter. Es geht also darum, Subtext zu generieren und dabei zu verstehen, dass häufig etwas anderes gemeint ist, als gesagt wurde.

Am Ende kann die Spielleitung einzelne Paare nochmals um eine Fortsetzung bitten, so dass die restliche Gruppe als Publikum einen exemplarischen Eindruck gewinnen kann.

Variante:
Man kann dasselbe dialogische Prinzip als chorische Reaktion umsetzen, was zu einer Verstärkung der Wirkung führt. Diese Variante funktioniert so, dass sich zwei Gruppen gegenüberstehen. Eine Person tritt jeweils aus ihrer Gruppe nach vorne und spricht einen Satz vor, die Gruppe wiederholt chorisch. Die zweite Gruppe steht gegenüber und reagiert nach demselben Prinzip. So kann eine Ver-

handlung um Macht entstehen oder auch ein Dialog, je nachdem, wie die Gruppe improvisiert.

Mögliche Vorübung:
Im Raumlauf Emotionen vorgeben, in denen der Satz zunächst gesagt werden muss (z. B. traurig, fröhlich, wütend …).

Mögliche Nachbesprechung:
- Um wen handelt es sich eurer Vorstellung nach im Gespräch (z. B. Mutter und Tochter)?
- Welche Emotionen haben in der Szene eine Rolle gespielt?
- Welches Verhältnis hatten die beiden zueinander?

• Impro-Berufe-Raten

#Improvisation #Rolle
Gruppengröße: 3–30 · *Komplexität:* ☒☒☐
Anforderungen Raum/Ausstattung: Zettel, Stifte

Kleine Zettel werden an die Gruppe ausgeteilt, auf die entweder Orte oder Berufe notiert werden. Daraus bilden sich zwei sortierte Stapel, die am Bühnenrand positioniert werden. Zwei Gruppenmitglieder betreten die Bühne und ziehen je einen Zettel, den sie sich gegenseitig zeigen. Daraufhin beginnen sie sofort, eine Szene zu improvisieren. Sie versuchen dabei sowohl den Ort als auch den gezogenen Beruf pantomimisch zu verdeutlichen und dürfen dabei abwechselnd je einen Satz sprechen.

Die Spielleitung ruft nach einer Minute »Findet ein Ende!«, woraufhin die beiden an passender Stelle einfrieren und die Szene damit abschließen. Das Publikum errät nun Ort und Beruf.

•• Improgespräche

#Imagination #Improvisation #Rolle
Gruppengröße: 2–25 · *Komplexität:* ☒☒☐
Anforderungen Raum/Ausstattung: Abbildungen verschiedener Menschen im Gespräch, z. B. aus Zeitschriften

Die Abbildungen werden verdeckt an Zweierteams verteilt. Die Gruppen bekommen etwa drei Minuten Zeit, um sich die Vorlagen genauer anzusehen und sich auf eine Improvisation vorzubereiten (man kann zum Beispiel Geschlecht und Alter der Rollen, Ort, Thema des Gesprächs, Haltung der Personen dazu etc. festlegen). Nun werden nacheinander die Gespräche vorgespielt. Die Abbildungen werden im Anschluss betrachtet und alle Gruppen erraten die jeweils gewählte Vorlage gemeinsam.

Tipp:
Pausen in den Gesprächen lassen, damit gleichzeitiges Reden vermieden wird. Auch hier die Unterschiedlichkeit der Typen z. B. über Status herausarbeiten.

Mögliche Nachbesprechung:
- Woran wurde eine Person in der Abbildung wiedererkannt?
- Weshalb war ein Gespräch spannend oder langweilig?
- Welche Figurenkonstellation war unterhaltsam und warum?

Improquadrate

#Improvisation #Körper #Rollenarbeit #Stimme
Gruppengröße: 5–30 · *Komplexität:* ☒☒☐
Anforderungen Raum/Ausstattung: Klebeband

Die Spielfläche wird mit Klebeband in vier Quadrate eingeteilt. Die Gruppe legt pro Runde vier Gefühle fest, die je einem Quadrat zugeordnet werden. Die Gruppe wird in Publikum und Akteure auf der Bühne eingeteilt. Das Publikum darf den Ort sowie die Berufe der spielenden Personen festlegen. Diese haben lediglich das Textrepertoire aus den Textfetzen der Seite 110 f. zur Verfügung und können sich voll und ganz darauf konzentrieren, ihre Rolle in der Emotion zu gestalten, in deren Quadrat sie stehen. Diese dürfen natürlich durchwandert werden.

Möchte man die Übung im Kontext der Rollenentwicklung nutzen, genügen die Gefühle in den Quadraten und die spielenden Personen agieren aus ihrer bereits entwickelten Rolle heraus durch die Quadrate hindurch.

Tipp:
Vorab die Gruppe in zwei Hälften teilen, jede Gruppe eine Runde ganz ohne Text durch die Quadrate gehen lassen, so dass die Gefühle zunächst rein körpersprachlich ausgedrückt werden können und mit der Stärke der Ausprägung experimentiert wird. Siehe auch die Übung »Elemente-Ecken« S. 134.

Improvisierte Kurzszenen mit Textfetzen

#Gruppe #Improvisation #Sprechgestaltung #Stimme
Gruppengröße: 1–30 · *Komplexität:* ☒☒☒
Anforderungen Raum/Ausstattung: kopierte und zugeschnittene Textausschnitte

Bei der folgenden Übung handelt es sich um eine klassische Improübung. Es dürfen auf der Sprachebene nur die Textfetzen verwendet werden, die man aus den auf S. 110 f. dargestellten Schnipseln gezogen hat, pro Runde und Gruppenmitglied haben sich ein bis maximal drei Zettel bewährt. Natürlich darf man sie wiederholen oder nur Ausschnitte davon benutzen. Inhalt der Formulierung und Handlung müssen dabei nicht deckungsgleich sein! Die Spielszenen können mit zwei bis drei Personen besetzt werden, der Rest errät als Publikum den Inhalt der Szene.

Szenenvorschläge:

- Der Süßigkeitenautomat hat das Kleingeld geschluckt.
- Eine aufdringliche Abonnement-Verkäuferin klingelt an der Haustüre.
- Motorschaden an der Autobahn.
- Jemand sucht seine verlorene Kontaktlinse.

Tipp:
Das Improgebot »Angebote annehmen« berücksichtigen, siehe S. 102.

Mögliche Nachbesprechung:

- Was war ein unerwarteter Fortgang der Geschichte?

- Wo wurde ein klischeehafter Verlauf der Geschichte verlassen?
- An welcher Stelle wurde mit den Worten gespielt?
- An welcher Stelle hat die Verwendung der Sprache die Bedeutung der Worte verlassen?

Textfetzen:

Also wirklich	Nun ja	Aber gerne
Wie bitte?	Unverschämtheit	Das ist wirklich frech
Nun denn	Ganz im Gegenteil	Bitte versteh doch
Wie siehst du das?	Huch	Frechheit
Natürlich	Aber sicher	Etwas leiser bitte
Mit mehr Abstand	Das finde ich eigenartig	Teufel
Das ist nicht ihr Ernst?	Warum eigentlich?	Idiot
Meine Liebste!	Völliger Unsinn	Ich meine wirklich dich!
Ich möchte bitte ausreden	Wohin?	Wozu ist das notwendig?

Komm' zum Punkt	Großartig	So lala
Viel zu anstrengend	Hoppla	Ignorant
Ich habe Hunger	Ich weiß	Das ist ein Sonderfall
Tor	Schatz	So und so
Verdammt	Krass	Jammerlappen
Schluss mit lustig	Wundervoll	Und Sie so?
Ich will	Durchaus	Aber hallo
Schweig	Sozusagen	Gratuliere
Verflucht	Auf immer	Amen
Wie ich das liebe	Nicht schlecht	Gott sei Dank
Ganz einmalig	Nicht jetzt	Das ist surreal

•• Impulsimpro

#Improvisation #Körper #Raum #Tanz #Wahrnehmung
Gruppengröße: 2–20 · *Komplexität:* ☒☒☒
Anforderungen Raum/Ausstattung: keine

Diese Übung bildet einen Übergang in das nächste Unterkapitel »Tanz«, da es hier mehr um die Entwicklung von Bewegungsausdruck als um inhaltliche Szenen geht. Da die Bewegungen dennoch über Improvisation entstehen, ergänzt sie auch dieses Kapitel.

Zwei Personen stehen hintereinander, die vordere schließt die Augen und ist aufmerksam. Die hintere Person gibt ihr am Rücken einen Impuls durch Antippen, Streichen, Drücken am Rücken, Schultern, Arm, Nacken usw. Ein Impuls kann aus mehreren Reizen von ca. 1–3 Sekunden Dauer bestehen.

Die vordere Person nimmt diesen Reiz auf und reagiert mit einem Bewegungsimpuls, d. h. eine Übertragung in eine Bewegung ihres ganzen Körpers. Sie führt diese Bewegung spontan aus und kehrt danach in die Standposition zurück.

Wenn dieses Prinzip funktioniert, kann man den Bewegungsimpuls mit einer Raumbewegung kombinieren, dabei sollten die Augen dann geöffnet sein. Wo die Bewegung endet, friert die vordere Person ein, die berührende folgt. Es ist auch möglich, Impulse bewusst nicht zu nutzen und auf weitere zu warten. Die Spielleitung gibt nach einigen Minuten das Signal zum Wechsel.

Variante als Gruppenimprovisation:
Alle sind auf der Bühne und wählen die »Impulssignale« selbst, indem sie Bewegungen der anderen als Reize nutzen und dabei entscheiden: Impuls nutzen oder nicht nutzen und im Freeze warten. Hierbei entstehen Bilder, für die es sich lohnt, die Gruppe zu teilen und Spielen und Zuschauen im Wechsel zu ermöglichen.

Mögliche Nachbesprechung:
- Eindrücke formulieren lassen
- mögliche sichtbare Themen auswerten lassen: Manipulation, Anpassung, Verschmelzen, Einschränkung und der Umgang damit, Überraschung …

• Pantomime-Raten

#Improvisation
Gruppengröße: 3–30 · *Komplexität:* ☒☐☐
Anforderungen Raum/Ausstattung: Zettel, Stifte

Alle Personen denken sich lustige Bilder oder Situationen aus, die pantomimisch und ohne Sprache umgesetzt werden können und notieren diese möglichst knapp auf ihrem Zettel. Diese werden gemischt und jede mitspielende Person zieht einen davon, es sollte jedoch nicht der eigene sein.

Nacheinander werden die Begriffe pantomimisch (gegebenenfalls maximal mit Geräusch) vorgespielt und vom Publikum erraten.

Beispielbilder:

- Zähne säubern bei einem Krokodil
- eine Wespe in der Coladose vorfinden
- einem Elefanten die Nase putzen
- als Hochzeitsgast das letzte Stück Torte erhaschen wollen

• Parkbank

#Improvisation #Rollenarbeit
Gruppengröße: 3–30 · *Komplexität:* ☒☒☐
Anforderungen Raum/Ausstattung: 3 Stühle

Die Stühle werden zu einer Bank gereiht. Es sind 2–3 Personen auf der Bühne, es wird durchgetauscht (Person 1 geht ab, wenn die dritte Person auftritt). Die spielenden Personen haben die Möglichkeit, auf der Parkbank in Kontakt miteinander zu kommen. Es ist hilfreich, wenn sie sich zuvor bestimmte Typen überlegen, die jeweils andere Anlässe haben, vor Ort zu sein (z. B. ältere Dame, Hundebesitzer, Drogendealer, Joggerin, Blinder, Parkwächter, Datingpartnerin). Es lässt sich auch hier mit einem zuvor gewählten Status spielen (siehe »Wartezimmer«, S. 100) oder besonders schön mit dem räumlichen Abstand zwischen den beiden Persönlichkeiten.

Variante:
Eine weitere Möglichkeit ist auch, die Szenen mit realistischen Figuren zu spielen, die z. B. auf echten Alltagsbeobachtungen (in der Bahn, im Urlaub ...) basieren.

Mögliche Nachbesprechung:
- Hier bietet sich eine gute Möglichkeit, sich mit Typenklischees in Rollen auseinanderzusetzen.
- Wo kann es guttun, Typenklischees zu brechen?
- Was ist bei »realistischen Figuren« anders?

• Partyclash

#Improvisation #Rollenarbeit
Gruppengröße: 5–30 · *Komplexität:* ☒☒☒
Anforderungen Raum/Ausstattung: 1 Zettel für jede auftretende Person

Die Gruppe wird in spielende Personen und Publikum eingeteilt. Der Zettel stellt eine fiktive Partyeinladung einer bekannten lokalen Promigröße dar, zu der sich die auftretenden Personen auf der Bühne versammeln. Die anwesenden Partygäste spielen das »Ankommen« und »Kennenlernen« der Gäste, wobei die Partyeinladung sozusagen die Eintrittskarte ins Geschehen bildet. Zur Vorbereitung sollte sich jede Person ihre persönliche Beziehung zu Gastgeber oder Gastgeberin überlegen. Herausforderung: Es können nicht alle gleichzeitig sprechen, wie gestaltet sich für das Publikum ein nachvollziehbares Gespräch auf der Bühne? Was passiert, wenn die prominente Person, auf deren Ankunft alle warten, nicht auftaucht?

Variante:
Die Spielleitung legt fest, wer spricht und wer im Freeze verharrt.

Tipp:
Je nach Gruppengröße festlegen, wie viele Personen auf der Bühne sein dürfen. Empfehlenswert sind nicht mehr als fünf gleichzeitig. Schön ist, wenn die Promigröße im Laufe des Spiels einen Namen bekommt.

1.3 Tanz

⁝⁝ Aquarium

#Aufwärmen #Improvisation #Körper #Konzentration
Gruppengröße: 2–30 · *Komplexität:* ☒☒☐
Anforderungen Raum/Ausstattung: keine

Die Gruppe sortiert sich paarweise in zwei Reihen gegenüber, die Spielleitung legt eine Reihe fest, die beginnt. Um das Aquarium zu füllen, stellen alle Personen dieser Reihe mit der Bewegung einer Hand in Bauchhöhe jeweils eine Art kleinen, zappelnden Fisch dar. Dieser wird imaginär und gezielt zur anderen Seite hinübergeschickt, wo das Gegenüber diese Bewegung aufnimmt, verändert und wieder einen »Fisch« zurückschickt. Die Bewegungen sollen sich spannungsvoll bzw. kontrastreich ergänzen, so dass im gesamten Aquarium möglichst viele unterschiedliche Fische ihre Bahnen ziehen.

Eckig – weich

#Aufwärmen #Körper #Raum #Tanz
Gruppengröße: 2–30 · *Komplexität:* ☒☐☐
Anforderungen Raum/Ausstattung: keine

Die Teilnehmenden erhalten in einer ersten Runde die Aufgabe, im Raum auf imaginären geraden Linien zu gehen und Richtungswechsel durch eckige bzw. rechtwinklige Wendungen zu vollziehen. Dabei sollen klare Entscheidungen für den Moment der Richtungsänderung und die neue Richtung getroffen werden. Sobald dieses Prinzip eingeübt ist, können eckige und rechtwinklige Bewegungen auf den ganzen Körper erweitert werden, z. B. die Bewegung der Arme, die Drehung des Kopfes usw.

In einer zweiten Runde sollen nun alle Wege in runden Kurven und weichen Bewegungen abgelaufen werden, d. h. Richtungsänderungen sind sanft, in Bögen, deren Radius variiert werden kann. Auch hier kann die gesamte Körperbewegung nach und nach hinzugenommen werden, z. B. durch runde, weiche Bewegungen der Handgelenke, des Kopfes usw.

In einer dritten Runde sollen die beiden Bewegungsqualitäten eckig und rund durch klare Entscheidungen abgewechselt werden. Einfacher ist es, zunächst eine klare Entscheidung zu treffen, fortgeschrittenere Gruppen suchen die Entwicklung von einer Qualität in die andere. Spannend ist, hier mit den Übergängen zu experimentieren.

Tipp:
Für Runde 1 und 2 unterschiedliche Musik dazugeben. Für die eckigen Bewegungen hilft basslastige (z. B. elektronische) Musik, für die weichen Melodie (z. B. Klassik).

Ein Körperteil führt (Baustein 1)

#Aufwärmen #Gruppe #Körper #Tanz #Wahrnehmung
Gruppengröße: 2–30 · *Komplexität:* ☒☐☐
Anforderungen Raum/Ausstattung: keine

Im Raumlauf gibt die Spielleitung jeweils ein Körperteil an, das die gesamte Körperhaltung und Bewegung lenkt. Möglich sind z. B. linker Ellenbogen, rechtes Knie, Hüfte, Bauch, linkes Ohr, Kopf usw. Dieses Körperteil sollte sowohl von der Richtung als auch von der Haltung möglichst den gesamten Körper anführen.

Variante:
Tänzerisch kann es werden, wenn die Aufgabe zu zweit ausgeführt wird und das angesagte Körperteil (z. B. Knie) immer das Gesicht des jeweils anderen Gruppenmitglieds führt, wobei der Abstand zwischen Gesicht und Körperteil immer gleich bleiben soll (ca. 50 Zentimeter). In diesem Beispiel folgt Person 1 mit dem Gesicht in 50 Zentimeter Abstand dem Knie der zweiten Person. Sie kann dadurch Höhe, Richtung und Bewegung im Raum der ersten Person lenken.

Ein Körperteil klebt (Baustein 2)

#Improvisation #Körper #Raum #Tanz #Wahrnehmung
Gruppengröße: 1–20 · *Komplexität:* ☒☒☐
Anforderungen Raum/Ausstattung: sauberer, glatter Boden, mit Musik!

Alle Gruppenmitglieder starten im Liegen auf dem Boden, wobei es zur Einstimmung hilfreich ist, zunächst aus dem Liegen mit genüsslichem Räkeln und Strecken auf diese Übung vorzubereiten, man kann hierzu schon Musik nutzen.

Aufgabe ist es nun, Bewegungen am Boden zu improvisieren, indem ein vorgegebenes Körperteil am Boden »festklebt«. Zunächst soll aus dem Liegen heraus der neue Bewegungsspielraum getestet werden. Es gilt herauszufinden, wie man sich z. B. nun aufrichten kann, drehen, um die eigene Achse bewegen usw. Als Weiterführung darf sich das »festgeklebte« Körperteil jetzt über den Boden schieben, damit wird eine Vorwärtsbewegung ermöglicht. Es geht in beiden Fällen darum, aus der Einschränkung vielfältige Bewegungen zu generieren und einen neuen Erfahrungsraum für den eigenen Körper zu öffnen.

Die Spielleitung sagt die Körperteile an und lässt jeweils ca. 2–4 Minuten Zeit, diese zu erproben. Gut funktioniert z. B. ein Arm, die Schulter, die Handfläche, eine Fingerspitze, ein Ohr, eine Seite des Gesichts …

Eins bis Zehn

#Aufwärmen #Körper #Rhythmus #Tanz
Gruppengröße: 1–30 · *Komplexität:* ☒☐☐
Anforderungen Raum/Ausstattung: keine

Hier beginnt man im Liegen, alle sollten gut im Raum verteilt sein. Die Gruppenmitglieder haben nun die Aufgabe, sich in zehn Etappen allmählich aufzurichten – bis zum endgültigen aufrechten Stehen. Sie definieren dabei die Etappen selbst. Die Spielleitung zählt laut von 0 auf 10, die Bewegungsabläufe sind so zu wählen, dass die einzelnen Schritte möglichst gleich groß sind (also nicht auf 10 noch eine große Bewegung ausführen, um in den Stand zu gelangen). Nun wird zurück auf 0 gezählt, bis die Spieler wieder auf dem Boden liegen. Bei einer nochmaligen Wiederholung kann schneller gezählt werden – die Gruppe soll nun auf die Gleichmäßigkeit ihrer einzelnen Bewegungsschritte achten.

Variante 1:
Die Schritte vom Liegen zum Stehen und andersherum können nach und nach reduziert werden, d. h. die Spielleitung nennt die Gesamtzahl der Schritte, z. B. »9« und zählt dann 0–9 zum Stehen und 9–0 zum Liegen, danach auf 8 usw.

Variante 2:
Die Spielleitung kann die Etappen auch vorgeben, z. B. »eins: Auf die Seite legen, zwei: Aufrichten zum Sitzen« usw. Wenn man beide Varianten ausprobiert, kann die unterschiedliche Wirkung besprochen werden.

•• **Lückenfüller** (Baustein 1)

#Improvisation #Körper #Raum #Tanz
Gruppengröße: 2–20 · *Komplexität:* ☒☒☐
Anforderungen Raum/Ausstattung: keine

Die Zweierpaare stehen sich für diese tänzerische Übung zunächst gegenüber. Wer beginnt, streckt sich in eine Richtung, wodurch der Körper einen Negativraum öffnet. Das Gegenüber nutzt diesen entstehenden Raum und beugt sich in diese Lücke hinein, wodurch auch sein Körper wiederum eine Lücke bildet, in die sich die erste Person hineinformen kann. Letztendlich geht es nicht so sehr darum, perfekt eine Lücke zu füllen, sondern die veränderte Körperhaltung des Tandems als Inspiration für eine eigene neue, sich daran anschließende Körperhaltung zu nutzen. Wichtig ist, dass beide kurz zum gemeinsamen Stopp kommen, aus dem heraus sich dann jeweils der neue Impuls entwickelt.

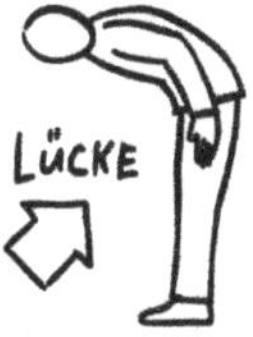

Abb. 5a: Ausgangsposition

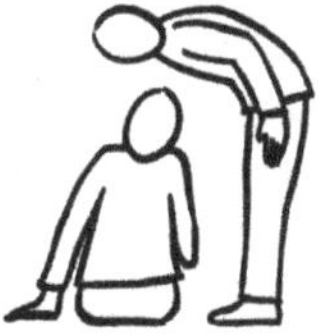

Abb. 5b: Möglichkeit 1

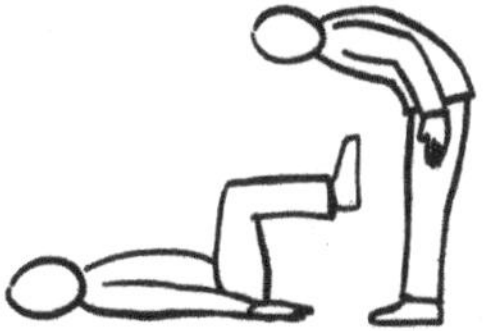

Abb. 5c: Möglichkeit 2

Lückenfüller mit Switch, Change, Leader
(Baustein 2)

#Improvisation #Körper #Raum #Tanz #Wahrnehmung
Gruppengröße: 3–20 · *Komplexität:* ☒☒☒
Anforderungen Raum/Ausstattung: keine

Dieses Spiel ist eine anspruchsvollere Variante des vorherigen »Lückenfüllers« zu dritt. Zunächst müssen die Begrifflichkeiten erläutert werden. In den Dreiergruppen ist eine Person »Leader« (1). Diese gibt den anderen beiden Bewegungskommandos. Person 2 startet mit einem Angebot einer Haltung, die bereits eine Lücke in der Körperhaltung anbietet, z. B. gebeugt und im Freeze. Die dritte Person (3) beginnt im aufrechten Stand. »SWITCH« bedeutet für den aufrecht Stehenden (3) eine schnelle Veränderung der Haltung, wobei es wie beim Lückenfüllen darum geht, einen Bezug über die Körperhaltung zu der gebeugten Person (2) herzustellen. Es können jetzt aber auch Elemente wie kopieren, spiegeln usw. eingeführt werden. »SWITCH« kann mehrmals hintereinander erfolgen, so dass Person 3 immer wieder neue Angebote finden muss. D. h. »SWITCH« ist auch das Kommando, um den aktiven Part durchwechseln zu lassen. »CHANGE« bedeutet, dass nun Person 2 mit dem Bewegen dran ist. Die Rollen 1–3 wechseln auf Ansage der Spielleitung durch.

Magischer Pulk

#Körper #Raum #Tanz #Wahrnehmung
Gruppengröße: 3–20 · *Komplexität:* ☒☒☒
Anforderungen Raum/Ausstattung: keine

Drei Gruppenmitglieder stehen in einem engen Dreieck so beieinander, dass alle in eine Richtung schauen. Eine Person führt die Formation in der gemeinsamen Laufrichtung als Spitze an, sie gibt außerdem Bewegungen vor, die die anderen beiden möglichst synchron imitieren. Es sind verschiedene Gangarten möglich und man kann die Gruppe darüber hinaus motivieren, Arme, Hände, verschiedene Geschwindigkeiten und Bewegungen am Boden miteinzubeziehen. Dreht sich die Gruppe währenddessen in eine andere Laufrichtung, übergibt die Führungsperson die Führung automatisch an die Person, die nun als Spitze das Dreieck anführt. Die neue Spitze hat die Möglichkeit, die bisherige Bewegung fortzuführen oder diese in eine neue zu überführen. Ziel ist, dass von außen nicht erkennbar wird, wer die Bewegungen vorgibt und wie die Gruppe als Einheit vorwärtskommt.

Funktioniert das Prinzip, kann die Gruppe zum Pulk vergrößert werden. Schön ist z. B., wenn mehrere Pulks im Raum unterwegs sind, die sich durchkreuzen, verschmelzen oder aufeinander reagieren, indem sie sich kopieren, nachäffen usw.

Tipp:
Besonders die Übergabemomente der Führung sind manchmal ein Grund, warum die Übung nicht gleich zündet. Sie

funktioniert nur dann, wenn die neuen Spitzen sich schnell herausbilden und mit Selbstbewusstsein deutlich und für alle im Pulk ersichtlich die Führung übernehmen, gegebenenfalls muss die Spielleitung hierzu von außen motivieren. Gefordert sind Klarheit, Einfachheit und Langsamkeit, dann klappt es am besten.

•• Rückenballett

#Gruppe #Körper #Tanz #Wahrnehmung
Gruppengröße: 2–30 · *Komplexität:* ☒☒☒
Anforderungen Raum/Ausstattung: keine

Bei dieser Partnerübung schließt eine Person die Augen, das andere Gruppenmitglied legt von hinten die Hände auf den Schultern ab. Die vordere Person stellt sich eine imaginäre Verbindungslinie zwischen den abgelegten Händen auf ihrem Rücken vor. Nun gilt es, diese imaginäre Linie durch Bewegungen des Rückens zu krümmen, zu stretchen, zu verkleinern, zu wölben usw., indem der Körper dementsprechend bewegt wird. Die zweite Person verändert ab jetzt immer wieder die Position einer Hand und gibt durch die weiteren Stellen am Rücken neue Linien vor, die von der vorderen Person durch die folgenden Bewegungen geformt werden müssen. Durch diese Aufgabe werden alle Muskeln des Rückens im gewählten Bereich auf vielfältige Weise gedreht, gestreckt und gebogen. So kommt diese Übung zu ihrem Namen. Nach einigen Minuten tauschen.

Tanzen nach Bildern

#Choreografie #Gruppe #Improvisation #Tanz
Gruppengröße: 2–30 · *Komplexität:* ☒☒☒
Anforderungen Raum/Ausstattung: Abbildungen von Kunstwerken, möglichst abstrakt

Für diese Übung teilt sich die Gruppe in Kleingruppen zu 4–6 Personen. Jede Gruppe erhält eine der Abbildungen und die Aufgabe, die Malerei in choreografische Elemente zu übersetzen. Diese werden in einen zusammenhängenden Ablauf gebracht, eingeübt und am Ende der festgelegten Vorbereitungszeit der gesamten Gruppe vorgeführt. Falls die Gruppe noch wenig Erfahrung im Bereich Tanz hat, hilft es eventuell anhand einer Abbildung zu besprechen, wie Farbe, Formen und Richtungen z. B. in Positionen im Raum oder in Bewegungselemente übertragen werden könnten. Im Anschluss wird das Ausgangsbild gezeigt und je nach Intention der Übung kann nun die Nachbesprechung gestaltet werden.

Tipp 1:
Falls mehr Gruppen da sind als Abbildungen, ist es auch gut möglich, mehreren Gruppen dieselbe Abbildung als Ausgangspunkt zu geben, die Ergebnisse werden sich überraschend unterscheiden.

Tipp 2:
Als Abbildungen eigenen sich z. B. sehr gut Wassily Kandinsky »Auf Weiß II« (1923), Paul Klee »Aufgehender Stern« (1931), Gerhard Richter »Abstraktes Bild« (1992)

Werkverzeichnis 780-1, Isa Dahl »Night and Day« (2023).

Mögliche Nachbesprechung:

- Welche Elemente konnten wiedererkannt werden, woran?
- Welche Wirkung hatten bestimmte Elemente der Choreografie? Welche Wirkung hat das Bild? Gibt es Übereinstimmungen oder Unterschiede?
- Kann die Gruppe die Choreografie wiederholen und mit Hilfe weiterer Gestaltungsmittel z. B. Tempo/Geschwindigkeit die Korrespondenz zum Bild vertiefen?
- Wie können Anfang und Ende der Choreografie klarer / noch passender zum Bild gestaltet werden?

Wetterspaziergang im Park

#Aufwärmen #Gruppe #Imagination #Körper
Gruppengröße: 2–30 · *Komplexität:* ☒☐☐
Anforderungen Raum/Ausstattung: keine

Dieser Raumlauf bekommt einen Schwerpunkt über die Vorstellung einer fiktiven Situation, die aber konkreten Einfluss auf die Körperbewegung nimmt. Die Einführung erfolgt während des Laufens durch die Spielleitung, die die Situation Stück für Stück über die folgende Anleitung aufbaut:

Stellt euch vor, ihr seid in einem großen Stadtpark unterwegs. Das Wetter ist schön, die Sonne scheint warm. Es kommen euch immer wieder andere Personen entgegen, die durch den Park spazieren. Wenn ihr jemandem begegnet, grüßt mit einem Kopfnicken. Im Park wird es heißer. Eure Bewegungen werden langsamer, die Augen schwerer, es wird immer heißer. Ihr schleppt euch nur noch so dahin. Entsprechend werden die Begrüßungen etwas müder. Nun wird die Hitze so erdrückend, dass ihr kaum mehr vorwärts gehen könnt, jeder Schritt kostet unglaublich viel Kraft. Schließlich sinkt ihr in euch zusammen, bis ihr nicht mehr weiterkönnt und auf dem Boden liegen bleibt.

Nun wird es euch langsam kalt, ihr beginnt zu frösteln. Die Sonne ist verschwunden, ein kühler Wind zieht auf. Versucht euch mit den eigenen Armen etwas warmzuhalten. Es wird noch kälter, ihr rubbelt euch mit den Händen warm, das hilft jedoch nur ein wenig. Richtet euch nun frierend auf, liegen bleiben wird nun zu gefährlich. Kommt zum Stehen und spürt euer Zittern vor Kälte. Versucht euch selbst zu erwärmen, indem ihr auf der Stelle hüpft. Lauft nun durch die kalte Luft im Park zum Ausgang, grüßt die Entgegenkommenden dabei fröstelnd.

Alle ausschütteln lassen.

Mögliche Nachbesprechung:

- Welche Auswirkungen hat die Vorstellung von Hitze und Kälte?
- Welche Veränderungen in der Körperhaltung, Anspannung usw. kann man spüren/sehen?
- Was ist für euch angenehmer?

2 Rollen und Stück entwickeln

»Theater spielen« basiert auf dem Erzählen von Geschichten vor einem Publikum. Ob das mit klassischem Dramenhandlungsbogen geschieht, als Szenencollage, in abstrakter Form oder einem Improtheaterformat sei zunächst dahingestellt – allein das Aufeinandertreffen von unterschiedlichen Charakteren mit ihren Absichten, Wünschen und Persönlichkeiten kann uns als Publikum unterhalten. In diesem Kapitel finden sich ein paar ausgewählte Ansätze, die solche Begegnungen provozieren sowie auch die Vorstellungskraft für die Ausgestaltung eines Charakters wecken und in die Arbeit an einer Rolle führen können. Unterschieden wird dabei zwischen Typen (eher Stereotype wie z. B. »die junge Mutter mit Kinderwagen«) und Figuren, die einen individuellen Charakter zeigen.

• Bilder zu Skulpturen verwandeln

#Körper #Raum #Rollenarbeit
Gruppengröße: 2–30 · *Komplexität:* ☒☒☐
Anforderungen Raum/Ausstattung: Abbildungen z. B. aus Zeitschriften, Zeitungen, von Popstars, Porträts …

Jedes Gruppenmitglied wählt sich eine Abbildung aus und betrachtet die dargestellte Figur ganz genau, insbesondere die Haltung, Kopfhaltung, Blickführung. Einzeln suchen sie sich dann einen Platz im Raum, um dort die Figur in ihrer Haltung einzunehmen. Mit der Abbildung zur Kontrolle versuchen alle gleichzeitig, die bestmögliche Kopie der dargestellten Person abzugeben.

Die Spielleitung teilt die Gruppe nun in zwei Hälften und die Abbildungen werden eingesammelt, von jeder Gruppe wird ein separater Stapel gebildet. Die erste Gruppe geht auf ihre Positionen und nimmt die geübte Haltung ein, die zweite Gruppe geht zunächst wie in einem Museum herum, um alle Figuren anzuschauen. Danach werden die Abbildungen der ersten Gruppe betrachtet und die dargestellten Figuren erraten. Im Anschluss wird getauscht. Durch die Übung wird die Gruppe darin gefordert, genau zu beobachten. Das Einnehmen einer ungewohnten und angeeigneten Haltung funktioniert aber auch auf der Wahrnehmungsebene. Eine Nachbesprechung kann daher gut mit dem Blick des Publikums von außen wie auch von innen Erfahrungen über die nachgeahmte Figur bringen und gegebenenfalls von hier in die Rollenarbeit z. B. zur Entwicklung von Befindlichkeiten oder dem Status übernommen werden.

Tipp:
Bei größeren Gruppen kann die Aufgabe auch in Partnerarbeit gelöst werden, wobei eine Person dann eine Art Regie mit Anweisungen für die Skulptur führt.

Mögliche Nachbesprechung:

- Was sieht das Publikum beim Betrachten der Skulpturen?
- Wie wirken die dargestellten Figuren jeweils?
- Welche Wirkung hatte die Nachahmung auf die darstellende Person? Z. B. Ich fühle mich selbstbewusst, arrogant …
- Wodurch war das Erraten leicht? Wo fiel es schwer? Warum?

Erarbeitung der vier Elemente

#Aufwärmen #Imagination #Körper #Rollenentwicklung
Gruppengröße: 1–30 · *Komplexität:* ☒☒☐
Anforderungen Raum/Ausstattung: keine

Hinter diesem Titel verbirgt sich weitaus mehr als nur eine Übung. Die vier Elemente werden in verschiedenen theaterpädagogischen Konzepten als Methode zur Bewegungs- und Rollenarbeit genutzt. Für die Arbeit mit den Elementen nutzt man vorrangig das Mittel der Imagination[2], also der Vorstellungskraft. Die Imagination als Annahme einer Gegebenheit (z. B. stacheliger Boden) hat direkte Auswirkungen auf die Bewegungsqualitäten der Agierenden und man kann davon ausgehend in sehr viele Richtungen weiterarbeiten. Im Folgenden wird die Grundlage dieser Methode vorgestellt.

Zunächst beginnt die Spielleitung mit der Einführung der Elemente. Dazu werden im Raumlauf verschiedene Vorstellungen entwickelt, wie sich Wasser, Erde, Luft und Feuer anfühlen könnten und wie man sich durch sie hindurchbewegt. Wichtig ist jeweils, dass die Vorstellung in eine direkte körperliche Konsequenz übersetzt wird, so dass der Körper die Vorstellung in entsprechende Haltung und Bewegung überträgt und die Übenden ein »Bewegungsrepertoire« für die Elemente entwickeln können. Eine mögliche Anleitung für das Element Wasser ist hier ausformuliert:

2 Vgl. Ingrid Hentschel, *Imagination und Theater. Die Schauspielmethode von Michael Tschechow*, Berlin 2022.

Der Boden, über den du läufst, ist sandig und trocken. Wenn du darauf gehst, stelle dir vor, wie deine Füße den unebenen, trockenen Boden berühren. Mit den Zehen kannst du den Sand hin- und herschieben. An einigen Stellen ändert sich der staubige, trockene Boden zu braunen Flecken, die durch Nässe gebildet werden. An diesen Stellen beginnt der Boden aufzuweichen. Berühre die Stellen mit deinen Zehen oder gehe darum herum. Es entstehen daraus kleine Pfützen, die nach und nach größer werden. Wasser sammelt sich darin, der Sand darunter wird matschig. Spiele ein wenig mit deinem großen Zeh in der nächsten Pfütze. Teste aus, wie sich die Pfütze für deine Füße anfühlt. Vielleicht ist sie etwas rutschig und der Boden ist weich unter dem Wasser. Von allen Seiten kommt nun etwas Wasser, die Pfützen werden mehr und größer, deine Füße berühren nun immer öfter das Wasser und du kannst damit etwas planschen. Allmählich verbindet sich das Wasser zu einer Wasseroberfläche. Du watest jetzt schon etwas hindurch und kommst nicht mehr ganz so einfach voran. Spiel mit deinen Füßen mit dem Wasser, es ist angenehm warm und sanft. Das Wasser steigt weiter, es geht dir schon zum Knöchel. Du kommst etwas schwieriger voran und wenn es nun weiter steigt zu deinen Knien, wird der Widerstand größer und du spürst, dass das Wasser in leichten Wellen um deine Füße schwappt. Es entwickelt sich ein Sog, der an deinen Füßen zieht. Es wird schwieriger vorwärtszukommen, das Wasser steigt weiter und die Wellen nehmen zu. Lass dich leicht von den Wellen mittragen bei deinem Vorwärtsgang, sie schaukeln dich vielleicht ein wenig vor und zurück, bevor du den nächsten Schritt nach vorne setzen kannst. Das Wasser ist nun bereits bis zur Hüfte gestiegen und der Widerstand wird noch größer. Spüre, wie das Was-

ser dich sanft umgibt und hin und her wiegt. Lass dich vor und zurück schaukeln, so dass dein Weg ein wenig unberechenbarer wird. Genieße aber, dass es dich mit sich trägt und folge der Bewegung des Wassers in deinem Gang.

Nun steigt das Wasser bis zu deinen Schultern und du kommst nur ganz langsam vorwärts, du lässt dich von der Strömung und den Wellen mitziehen und tragen, verlierst aber nicht den Wunsch, noch ein paar Schritte weiterzugehen. Langsam nimmt das Wasser wieder ab und das Gehen wird leichter. Es geht dir nur noch zum Bauch, die Wellen sind schwächer. Dennoch bewegen sie dich auf unberechenbare Art immer wieder ein Stück mit sich, sie tragen dich noch ein wenig, bevor das Wasser zurück auf Kniehöhe verschwindet und schließlich zu dem seichten Wasser in großen Pfützen wird. Spiele noch ein letztes Mal sanft damit, bevor du deinen Weg wieder leicht und ohne Widerstand auf dem trockenen Boden fortsetzt.

Für die weiteren Elemente kann man eine ähnliche fiktive Situationsbeschreibung entwickeln. Das Element Erde bildet sich z. B. gut in einer Art ansteigender Schlammmasse ab, durch die man sich mit Kraft und Anspannung schieben und drücken muss. Die Luft ist leicht, Windböen heben die Arme hoch, sie ist aber auch unberechenbar und wirbelnd, in voller Stärke vielleicht ein Mini-Sturm. Das Feuer züngelt unberechenbar, hektisch, gefährlich, schnell und die Übenden müssen den größer werdenden Flammen ausweichen.

Man kann in einer weiteren Runde alle Elemente auch so durchspielen, dass man sich »wie das Element bewegt«, also z. B. indem man die Hitzigkeit und Schnelligkeit des Feuers in hektische, unberechenbare und zuckende Qualitäten überführt.

Mögliche Nachbesprechung:
Zunächst kann man die unterschiedlichen Bewegungsqualitäten beschreiben lassen und in ihrer Unterschiedlichkeit in Worte fassen. Wenn es in die Rollenarbeit münden soll, beginnt man, die vier Elemente auf entsprechende Charaktereigenschaften bei Menschen zu übertragen, z. B.

- »Wann sagt man, dass eine Person Feuer hat?«
- »Was ist ein Luftikus?«
- »Was meint man, wenn man sagt, jemand ist geerdet?«
- »Was ist gemeint, wenn jemand mit allen Wassern gewaschen ist?«
- »Wann sind stille Wasser tief?« …

Beispielhafte Charaktereigenschaften der Elemente:
- Erde: dicht, stabil, schwer, fest, ruhig, statisch, gebunden, widerständig, tragend, verwurzelt
- Feuer: warm, hitzig, hektisch, flüchtig, unberechenbar, auflodernd, schön, gefährlich, hell, behaglich, zielstrebig
- Luft: leicht, lebendig, durchlässig, wechselhaft, unbeschwert, durchlässig, kraftvoll, aufbrausend, zart, kühlend, bewegt, wendig
- Wasser: gleichmäßig, fließend, kühl, flexibel, bewegt, ruhig, brausend, kraftvoll

Hierauf aufbauend können Körperbewegungen oder Haltungen abgeleitet werden, z. B.:

- Merkmale der Erde: tiefe Stimme, flache Atmung, tiefer Körperschwerpunkt.
- Merkmale des Feuers: geführte, gerichtete Bewegungen, zackige raumgreifende Bewegungen der Gliedmaßen, tänzelnder Gang z. B. mit kleinen Schritten auf Zehenspitzen, hektische, aufbrausende Sprache.
- Merkmale der Luft: ein nach oben ziehender Schwerpunkt, hohe Stimme, freies Atmen, Leichtigkeit in den Gliedmaßen.
- Merkmale des Wassers: ein unsicherer, wiegender Gang mit lockerer Hüfte und einem sich verschiebenden Schwerpunkt, ruhige Stimme.

Element-Ecken

#Improvisation #Körper #Rollenentwicklung
Gruppengröße: 1–30 · *Komplexität:* ☒☐☐
Anforderungen Raum/Ausstattung: Klebeband

Die Spielfläche wird mit Klebeband in vier gleich große Felder aufgeteilt. Die Felder werden den vier Elementen Wasser, Erde, Luft und Feuer zugeordnet. Dort, wo die Rechtecke in der Mitte zusammenstoßen, ist die Intensität der Elemente am geringsten, in den äußeren Ecken jeweils am stärksten. Die Gruppenmitglieder suchen sich nun einen Ausgangspunkt in einem der Felder. Sie beginnen dort, sich durch die Elemente zu bewegen und haben die Möglichkeit, die Intensität, mit der sie in ihren Bewegungen durch die Elemente beeinflusst werden, je nach räumlicher Position zu steigern oder abzumildern. Alle sollten einmal durch alle Felder gehen.

In einem weiteren Durchgang kann nun damit gespielt werden, was in den Übergängen von einem zum anderen Elementfeld für Bewegungsqualitäten entstehen können.

Baustein Rollenentwicklung:
Sind die Elemente sowohl in großer als auch in kleinen Ausprägungen eingeübt, kann man im Folgenden ausprobieren, welche Bewegungsqualitäten eine Figur übernehmen könnte. Beispielsweise kann eine charakterlich hitzige Figur die schnellen hektischen Bewegungen des Feuers in ihr Bewegungsrepertoire einfügen und sie je nach Situation mal mehr oder weniger zum Vorschein kommen lassen. Oft verbinden Rollencharaktere auch zwei Elemente, wenn Personen z. B. unter Druck stehen, könnte ein anderes Element wirksam sein, als wenn sie in entspannten Situationen sind. Die Elementeigenschaften können sowohl als Körperhaltung, Tick oder in der Gangart ihren Ausdruck finden, genauso aber auch in der Sprache. Auch hierzu bietet sich das Ausprobieren und Einüben im Raumlauf an, z. B. indem jedes Gruppenmitglied einen Satz vor sich hinspricht und diesen entsprechend der Position in den Ecken variiert.

Figurenskizze

#Rollenarbeit #Stückentwicklung
Gruppengröße: 1–30 · *Komplexität:* ☒☐☐
Anforderungen Raum/Ausstattung: Papier, Buntstifte, ggf. Musik, ggf. Stühle

Diese Visualisierungsübung dient in einer frühen Phase der Stückentwicklung dazu, den Ensemblemitgliedern die eigene Vorstellung der Rolle zu konkretisieren. Der Prozess sollte deshalb so weit vorangeschritten sein, dass das Ensemble bereits einige Szenen des Stücks entwickelt hat und bei den Mitgliedern schon ein Gefühl für die eigene Rolle vorhanden ist. Einzeln ziehen sie sich mit Stift und Papier ausgestattet in eine Raumecke oder auf verteilte Stühle zurück und versuchen in ca. 15 Minuten Zeit eine Skizze der eigenen Rollenfigur anzufertigen. Je mehr Details (Kleidung, Accessoires), desto besser.

Nach Ablauf der Zeit werden die Ergebnisse für alle sichtbar in der Raummitte abgelegt und als stille Ausstellung gemeinsam betrachtet. Es ist natürlich auch möglich, die Ensemblemitglieder zu ihrer Vorstellung zu Wort kommen zu lassen und das Ergebnis aktiv zu präsentieren.

Das Ergebnis kann sowohl der Spielleitung Inspirationsquelle für Kostüme, Frisur usw. sein als auch als Gesprächsgrundlage über die weitere Ausgestaltung der Rolle dienen.

Die Übung ist sehr gut als Abschluss einer Probeneinheit geeignet und es ist hilfreich, eine entspannte, meditative Atmosphäre herzustellen, z. B. mit vorangehenden Entspannungsübungen oder Musik.

Tipp:
Es geht nicht um zeichnerisches Talent. Die Spielleitung kann auch kopierte, nicht kostümierte Anziehfiguren zur Verfügung stellen, um Frustration zu vermeiden.

• Gerüchteküche

#Improvisation #Körper #Stückentwicklung
Gruppengröße: 3–30 · *Komplexität:* ☒☒☐
Anforderungen Raum/Ausstattung: auswendig gelernter Text

Der Text der folgenden Übungen wird auswendig gesprochen. Daher ist es empfehlenswert, die Gruppe schon in der Theatereinheit zuvor in zwei Gruppen aufzuteilen. Jedes Mitglied lernt bis zum nächsten Mal eine der Rollen von Person 1 oder 2 auswendig.

Die Gerüchteküche
1: Hast du schon was von Frau Müller gehört?
2: Frau Müller? Nee, habe ich nicht. Wieso?
1: Herr Schneider hat da gestern so was angedeutet …
2: Ach ja?
1: Ja.
2: Und was soll ich gehört haben?
1: Hat sie sich denn nicht bei dir gemeldet?
2: Nein, hat sie nicht.

Zum Aufwärmen gehen alle im Raum umher und murmeln den gelernten Text leise, mittellaut, laut, dann mit gezielter Betonung der Konsonanten (Wiederholung), dann mit verschiedenen Sprechgestaltungen wie zischelnd, kreischend, streng, warmherzig, gleichgültig …

Nun teilt die Spielleitung zwei Gruppen ein (1 und 2), die Hälfte sitzt mit Rücken zur Bühne, die andere Hälfte ist auf der Bühne. Diese Gruppe läuft auf der Spielfläche umher und spricht den Text in unterschiedlichen Lautstärken durcheinander, so dass für die zuhörende Gruppe ein Klangbad entsteht. Schön ist, wenn es möglichst verschiedene Varianten von laut bis leise gibt und die Emotionen hörbar sind. Falls das nicht funktioniert, kann die Spielleitung auch Signale für leise, laut und mittellaut festlegen und mit Handzeichen dirigieren.

Mögliche Nachbesprechung:
Kurzer Austausch darüber, welche Szenen die Zuschauer vor ihrem inneren Auge gesehen oder welche Stimmungen sie wahrgenommen haben usw.

Variante:
Ein Arbeitsauftrag könnte sein: Erfindet eine Szene für den Text »Gerüchteküche«, indem ihr euch klar macht, um was es geht (z. B. Einbruch, Lüge, Liebschaft …). Einigt euch auf einen Ort und die Rollen der beiden Protagonisten und erarbeitet die ausgedachte Situation als kurze Szene mit einem klaren Anfang und Ende.

Verwendet gezielt sprachliche Gestaltungsmittel (Lautstärke, Stimmlage, Betonung …) und Körpersprache (Emotionen, Gesten, Blicke …), um die Szene für euer Publikum verständlich und unterhaltsam zu gestalten.

Tipp:
Für eine Stückentwicklung kann die Gerüchteküche z. B. als Beginn einer Szene weitergedacht werden, in der sich dadurch Spannung auf Neuigkeiten oder zurückgehaltene Geschichten aufbaut. Auch ein offenes Ende mit Vermutungen zum Ausgang der Geschichte könnte sich so gestalten lassen.

Handlung in drei Geschwindigkeiten

#Körper #Rollenarbeit #Wahrnehmung
Gruppengröße: 1–30 · *Komplexität:* ☒☒☒
Anforderungen Raum/Ausstattung: keine

Diese Übung macht Sinn, wenn alle Gruppenmitglieder eine Rolle oder Situation im Stück kennen, die sie bereits entwickelt haben und in der es einen physischen Bewegungsvorgang gibt. Man kann sie aber auch davon losgelöst mit gewöhnlichen Alltagsbewegungen ausprobieren. Alle suchen sich einen Platz im Raum, an dem sie genügend Bewegungsfreiheit vorfinden und definieren für sich einen kurzen Abschnitt (ca. zehn Sekunden) einer Bewegungsabfolge ihrer Figur. Sie legen dafür einen Anfang und einen Endpunkt fest und wiederholen die Bewegungsabfolge einige Male. In den Wiederholungen soll versucht werden, die Bewegung kleinschrittiger und deutlicher auszugestalten.

Nun wird die Bewegungsabfolge einige Male in Zeitlupe ausgeführt, dann in normaler Geschwindigkeit. In einer dritten Stufe wird alles in sehr schneller Geschwindigkeit wiederholt, ungefähr drei Durchläufe lang. Zuletzt legt jede Person für drei Unterabschnitte ihrer Bewegungsabfolge die Geschwindigkeiten Zeitlupe, normal und schnell fest. Orientierung gibt dazu die Beobachtung, an welcher Stelle sich die entsprechende Geschwindigkeit am besten angefühlt hat. So gestaltet sich die gesamte Bewegungsabfolge in drei unterschiedlichen Geschwindigkeiten, die nun noch ein paar Mal wiederholt werden. Schön ist, das Ergebnis dann reihum vorzuführen.

Diese Übung führt dazu, die Handlungen im Muskelgedächtnis zu verhaften und sie differenzierter zu gestalten. Wenn man Stanislawskis Theatertheorie verfolgt, stellt sich über die Wiederholung dieses physischen Ablaufs gleichzeitig ein inneres Erleben ein, das ein Gefühl für die Rolle hervorruft.[3]

Tipp:
Je nachdem, welche Situation man für die Bewegungsabfolgen vorgibt, lässt sich aus dieser Übung heraus ein szenisches Element für eine Rahmenhandlung generieren. Ein einfaches Beispiel: Alle Personen auf der Bühne öffnen auf diese Weise einen Brief.

• Heißer Stuhl

#Gruppe #Improvisation #Rollenarbeit
Gruppengröße: 2–30 · *Komplexität:* ☒☒☐
Anforderungen Raum/Ausstattung: Stuhl

Eine Person aus der Gruppe sitzt auf einem Stuhl auf der Bühnenfläche, die anderen sitzen im Publikum gegenüber.

3 Vgl. Konstantin S. Stanislawski, *Die Arbeit des Schauspielers an der Rolle. Fragmente eines Buches*, Berlin 1955.

Die Person auf der Bühne verkörpert ihre Rolle und wird nun nacheinander von den anderen zu der Rollenfigur befragt, z. B. »Wie alt bist du? Was ist dein Lieblingsessen? Wovor hast du Angst?« usw. Die Person auf dem »heißen Stuhl« versucht, möglichst passende Antworten zu (er)finden und dadurch auch die eigene Vision bzw. Vorstellung von der Rolle auszudifferenzieren.

Variante:
Immer andere sitzen auf dem Stuhl, d. h. es findet ein rasches Durchtauschen statt, z. B. nach drei Antworten oder durch Abklatschen.

Tipp:
Im Eifer des Gefechts erinnert man sich nicht an alles, was gesagt wurde, daher jemanden ein Protokoll mitschreiben lassen, auch das kann rotieren.

Jambus und Trochäus

#Körper #Rhythmus #Rollenarbeit
Gruppengröße: 1–30 · *Komplexität:* ☒☒☒
Anforderungen Raum/Ausstattung: keine

Die beiden Begriffe sind vielleicht als Metren aus dem Deutschunterricht geläufig. Für diese Übung nutzt man sie zur differenzierten Gestaltung einer Bewegung. Im Wesentlichen kombiniert man schnelle, kurze Bewegungen mit langen und langsamen. Jambus und Trochäus unterscheiden sich dabei in der Reihenfolge: Jambus = kurz – lang und Trochäus = lang – kurz. Zunächst geht es darum, sie in einfachen Bewegungsabläufen einzuüben, wie z. B. diesen:

- alle gehen im Kreis hintereinander (ein Schritt kurz, ein Schritt lang und andersherum)
- alle gestalten eine Geste (ein Teil der Bewegung kurz, einer lang, dann dieselbe Geste lang – kurz)
- die Geste wird ausgeweitet in den Raum (vorn/hinten/seitlich)
- die Lieblingsgeste in der Runde vorführen
- einen dramatischen Theatertod (siehe S. 44) in kurz – lang oder lang – kurz gestalten (z. B. Giftflasche ansetzen und einen Schluck trinken in »kurz«, zu Boden sinken in »lang«), üben und vorführen
- chorisch: ein Teil der Gruppe führt eine festgelegte Bewegung in Jambus, die anderen in Trochäus aus

Die Übung kann auf die Rollenarbeit ausgeweitet werden, indem sich jedes Mitglied eine Bewegungsabfolge der Rolle auswählt. Es gilt nun, die Bewegung eigenständig in Jambus und Trochäus zu unterteilen und so eine differenzierte Gestaltung der Bewegung herauszuarbeiten, um z. B. einen entscheidenden Moment der Bewegungsabfolge zu betonen. So können bestimmte Eigenheiten von Rollen herausgearbeitet werden.

Kettengeschichte

#Fantasie #Imagination #Improvisation
#Stückentwicklung
Gruppengröße: 1–30 · *Komplexität:* ☒☐☐
Anforderungen Raum/Ausstattung: keine

Dieses Spiel kann man im Stehen oder Sitzen spielen. Die Spielleitung beginnt mit einem Einführungssatz eine Geschichte zu erzählen, die dann von den folgenden Personen im Kreis weitergeführt wird. Man kann sich für eine kurze Geschichte darauf einigen, dass der Satz immer um einen unfertigen Halbsatz verlängert wird, z. B.:

Spielleitung: »Es war einmal ein regnerischer, grauer Vormittag, an dem …«
Person 1: »… eine ältere Dame im Kaffeehaus saß und eine …«
Person 2: »… stattliche Sahnetorte aß, die …«
usw.

Für eine längere Version kann man auch zwei oder drei Sätze pro Person vereinbaren und jeweils mit »ja, und dann« anschließen lassen.

Tipp:
Im Rahmen der Stückentwicklung kann das Spiel auch genutzt werden, um für alle Beteiligten nochmals die Handlung des Stücks zusammenzufassen. Hierbei kann eine interessante Herausarbeitung der wichtigsten Handlungsstränge des eigenen Stücks entstehen. Der Einführungssatz

der Spielleitung muss dann natürlich eine eindeutige Hinleitung bilden.

Damit die Geschichte nicht zu konfus und beliebig wird: Einmal kreierte Figuren sollten in der Geschichte bleiben, z. B. eine junge Frau bleibt eine junge Frau oder es gibt einen Grund für ihr Altern.

Baustein Klassische Dramaturgie:
Handelt es sich um eine Geschichtenversion, die nichts mit dem eigenen Stück zu tun hat, kann man hier auch den Aufbau der klassischen Dramenhandlung einführen. Die Spielleitung erläutert diese bzw. notiert sie z. B. an einer Tafel mit den fünf Schritten sichtbar für alle: 1) Anfangssituation, 2) Problem oder Störung bzw. Konflikt, 3) Höhepunkt, 4) Katastrophe, 5) Ende als Auflösung mit tragischem Ende oder Happy End.

So kann während des Erzählkreises gemeinsam gesteuert werden, wie sich die Geschichte entlang dieses Aufbaus entwickelt und die Spielleitung kann gegebenenfalls nachhelfen, indem sie die nächste Phase einfordert.

Stückreport

#Gruppe #Stimme #Stückentwicklung
Gruppengröße: 5–20 · *Komplexität:* ☒☒☐
Anforderungen Raum/Ausstattung: keine

Ein Gruppenmitglied beginnt mit der Nacherzählung des Stücks, das von der Gruppe aufgeführt werden soll. Nach ca. drei bis vier Sätzen bricht die Person mitten in einem Satz ab, die nebenstehende Person muss nun den Satz weiterführen und auch die Handlung um weitere Sätze ergänzen. Ziel ist, bei der letzten Person im Kreis am Ende der Geschichte angelangt zu sein.

Diese Übung ist hilfreich, um mit dem Ensemble eine gemeinsame Erzählversion des bearbeiteten Stücks zu finden, gegebenenfalls Ungereimtheiten aufzudecken oder komplizierte Dramenhandlungen auf das Wesentliche zu reduzieren und ein Verständnis von Handlungssträngen an alle Gruppenmitglieder zu vermitteln.

Tipp:
Immer wenn es zu Unklarheiten kommt, diese mit einem Stichwort auf je einen Zettel notieren (ggf. nummerieren). So können in einer Nachbesprechung die Handlung geschärft und Leerstellen bewusst betrachtet werden.

3 Sprechen üben

Hier geht es ganz klar ums Handwerk: Der Umgang mit den Sprechwerkzeugen will geübt sein, damit das laute und deutliche Sprechen auf der Bühne gelingt. Grundsätzlich gibt es vor allem zwei Möglichkeiten, das Stimmorgan zu stärken: Erstens kann man üben, den Mund aufzumachen und deutlicher zu artikulieren, zweitens kann man das Zwerchfell trainieren, um den Stütz der Stimme zu verbessern. Oft kommt noch hinzu, dass das Selbstvertrauen zum lauten oder klaren Sprechen erst entwickelt werden muss, ebenso das Bewusstsein dafür, Sprache gezielt zu senden.

Die folgenden Übungen ermöglichen den Einzelnen, ihre Stimme kennenzulernen, die zur Artikulation notwendige Muskulatur aufzuwärmen, zu lockern und zu stärken, die Atmung und den Einsatz des Zwerchfells und der Rippenmuskulatur zu spüren und zu nutzen.

Das Sprechtraining sollte bestenfalls regelmäßig erfolgen und zu den Aufführungen hin immer mehr Raum in einer Probeneinheit einnehmen, da ein gutes Aufwärmen der Stimme für lautes Sprechen elementar ist. Es gibt unzählige weitere Übungen, die man auch gut zu Hause durchführen kann, empfehlenswert sind z. B. zwei bis drei Mal Training pro Woche, um eine deutliche Verbesserung zu erreichen. Manche Übungen kann man gut damit kombinieren, dass man sowieso Text lernen muss.

Die Übungen dürfen aneinandergehängt werden und sich in den Probeneinheiten wiederholen. Sie benötigen nach und nach weniger Erklärung und werden für die Gruppe immer selbstverständlicher.

Gesicht aufwärmen

#Aufwärmen #Körper
Gruppengröße: 3–20 · *Komplexität:* ☒☐☐
Anforderungen Raum/Ausstattung: keine

Als Einstieg in die Auseinandersetzung mit der Stimme lohnt es sich, die daran beteiligten Körperbereiche zunächst zu sensibilisieren und zu aktivieren. Dazu reibt man die Handflächen gegeneinander, so dass Wärme entsteht. Die warmen Hände werden jetzt auf das Gesicht aufgelegt, um für einen Moment die Wärme dort ankommen zu lassen. Mit den Fingerspitzen können nun sanft die Stirn, Schläfen, Wangen, Stirnhöhlen und Kiefer abgeklopft werden, so als ob ein Regenschauer auf die Haut prasselt.

Der Unterkiefer ist am Kiefergelenk mit dem Oberkiefer verbunden. Wenn man den Unterkiefer öffnet und schließt, lässt sich vor dem Ohr diese Stelle als Vertiefung ertasten. Mit den Zeigefingern kann man hier vorsichtig Druck ausüben und bei locker herunterhängendem Kiefer das Kiefergelenk etwas massieren. Im nächsten Schritt schiebt man den herunterhängenden Kiefer mit Hilfe der Kiefermuskulatur von links nach rechts hin und her.

Diese Lockerung des Unterkiefers trägt zur Öffnung des Munds beim Sprechen und damit zu einer deutlicheren Artikulation bei.

Lippentanz

#Aufwärmen #Körper
Gruppengröße: 1–30 · *Komplexität:* ☒☐☐
Anforderungen Raum/Ausstattung: keine

Die folgenden Bewegungen werden nacheinander in mehrmaliger Wiederholung ausgeführt. Mit ihrer Hilfe lockert sich der Lippenbereich und kann präziser zu einer deutlichen Artikulation beitragen.

- Zahnreihen locker schließen und Lippen zum Kussmund spitzen und zum Grinsen breitziehen.
- Lippen spitzen zum Küsschen, öffnen und schließen (kleine Küsschen in die Luft geben oder auch Fischmaul machen).
- Backen zwischen die Zahnreihen rechts und links einziehen und schnalzen lassen.
- Lippen zwischen die Schneidezähne vorne einziehen und schnalzen lassen.
- Lippenflattern durch ausströmende Luft.
- Linken und rechten Mundwinkel abwechselnd hochziehen.

Tipp:
Zur Vermeidung von peinlichem Lachen kann man den Kreis mit je einem Meter Abstand zwischen den Gruppenmitgliedern und dem Blick nach außen bilden. Ohne Blickkontakt geht es hier manchmal leichter (alternativ mit geschlossenen Augen).

Warmsummen

#Aufwärmen #Körper #Stimme
Gruppengröße: 1–30 · *Komplexität:* ☒☐☐
Anforderungen Raum/Ausstattung: keine

Alle bilden mit den Händen Fäuste und klopfen ihre Brust und die Rippen vorsichtig ab. Die Atmung geht dabei normal und es sollte sich keine Gegenspannung aufbauen, sondern die klopfenden Fäuste dürfen die Muskulatur etwas eindrücken, um sie zu lockern. Nun kann ein Summton hinzukommen, was anfangs eventuell für Belustigung sorgt, da die Stimme durch das Weiterklopfen hörbar durchgeschüttelt wird. Auf diese Weise wird ersichtlich, dass der gesamte Körper als Resonanzraum in Verbindung zur Stimme steht.

Zähne putzen

#Aufwärmen #Körper
Gruppengröße: 1–30 · *Komplexität:* ☒☐☐
Anforderungen Raum/Ausstattung: keine

Die Zunge im Mund am linken oberen Backenzahn außen platzieren und die obere Zahnreihe außen entlang abfahren, dann unten von rechts nach links. Diese Kreisbewegung zehn Mal wiederholen und zehn Mal in die andere Richtung, anschließend je zehn Mal innen entlangfahren. So wird nicht nur der Mundraum mit der Zunge sensorisch wahrgenommen, sondern vor allem der Zungenmuskel gekräftigt. Das merkt man daran, dass sich eine leichte Anstrengung einstellen sollte, wenn man die Übung die ersten Male ausführt.

Zunge lockern

#Aufwärmen #Körper #Stimme
Gruppengröße: 1–30 · *Komplexität:* ☒☐☐
Anforderungen Raum/Ausstattung: keine

Zunächst den Mund öffnen und die Zunge bei geöffneten Lippen gerade nach vorne strecken und zurück in den Mund holen, wiederholen.

Mit einem lallenden »L«-Ton die Zungenspitze gegen die untere Zahnreihe drücken und die Zungenmitte als Rolle aus dem weit geöffneten Mund schieben, für ca. 20 Sekunden wiederholen.

Nun wird ein Arm über den Kopf hochgestreckt. Die Zunge darf nun etwas aus dem Mund rutschen und man spricht schnell aber etwas lallend »BLBLBL …«. Dabei lässt man den Arm geführt herunterfallen. Die lockere Zunge ist eine Voraussetzung für schnelles, flexibles und klares Sprechen und bekommt hier ihr weiteres Augenmerk.

Federball und Ping-Pong

#Aufwärmen #Körper #Stimme
Gruppengröße: 1–30 · *Komplexität:* ☒☒☐
Anforderungen Raum/Ausstattung: keine

Hierfür stellen sich alle in zwei Reihen so auf, dass jedes Gruppenmitglied ein Gegenüber hat. Pantomimisch wird nun mit Schlägern über Kopf Federball gespielt und dabei bei jedem Schlag einer der drei stimmhaften Plosive »B«, »D« und »G« laut und deutlich in die Richtung des Ziels ausgestoßen.

Mit kürzeren, härteren Schlägen auf Bauchhöhe wechselt das Spiel zum Ping-Pong und man nutzt dafür die stimmlosen Plosive »P«, »T« und »K«. Wichtig ist, dass die Luft beim »P« durch die zusammengepressten Lippen gedrückt wird. In dieser Übung sind die Plosive (Laute, die durch explosives Ausströmen der Luft entstehen) etwas mehr im Fokus aber sie trainiert genauso auch Zwerchfell und Stütz (siehe nächstes Kapitel).

Konsonanten-Raketen

#Aufwärmen #Körper #Stimme
Gruppengröße: 1–20 · *Komplexität:* ☒☐☐
Anforderungen Raum/Ausstattung: keine

Diese Übung kann gemeinsam im Kreis oder individuell als Raumlauf ausgeführt werden. In der Vorstellung können beide Hände jeweils Raketen in den Himmel schießen, indem die Hände abwechselnd in die Luft geworfen werden und dabei eine gezielte Stelle im Raum anvisieren, zu der die Rakete abgefeuert wird. Dazu werden improvisierend Konsonanten und Vokale zusammengefügt, so dass die Raketen begleitet werden von verschiedensten Lauten wie z. B. MA, TO, DI, KU, SE … Auch diese Laute werden gezielt »geschossen«. Das Augenmerk sollte auf der deutlichen Artikulation der Konsonanten und Vokale liegen, d. h. Mund auf!

Korkenbrabbeln

#Aufwärmen #Sprechgestaltung #Stimme
Gruppengröße: 2–30 · *Komplexität:* ☒☐☐
Anforderungen Raum/Ausstattung: Textausschnitte, saubere Flaschenkorken

Alle erhalten ein Blatt mit kopiertem Text von ca. fünf bis zehn Zeilen Länge (es kann ein Gedicht sein, ein Abschnitt aus dem Skript des Stücks, ein Zeitungsartikel …) und einen Flaschenkorken. Es werden Paare gebildet, jedes Paar liest sich gegenseitig und nacheinander den Text in normaler Lautstärke vor. Nun nehmen alle den Korken quer zwischen die Zähne und laufen mit dem Text durch den Raum, der Text wird dabei von jeder Person gleichzeitig so deutlich und verständlich wie möglich mehrfach laut gesprochen. Im Anschluss treffen sich die Paare vom Anfang wieder, entfernen die Korken und lesen sich erneut die Texte gegenseitig vor.

Fragt man in einer Nachbesprechung nach den Unterschieden des ersten und zweiten Vorlesedurchgangs, so zeichnet sich in der Regel eine deutliche Verbesserung der Verständlichkeit ab.

Löcher bohren

#Aufwärmen #Körper #Stimme
Gruppengröße: 1–30 · *Komplexität:* ☒☐☐
Anforderungen Raum/Ausstattung: keine

Der Mund wird leicht geöffnet, so dass ein Resonanzraum entsteht. Mit dem ausgestreckten Zeigefinger und dem Laut »RRRR« bildet man einen imaginären Bohrer, der sich nach vorne schiebend in eine Hauswand bohrt. Mit »T« am Ende zieht man den Bohrerfinger wieder zurück. Durch das Rollen des Vibranten »R« kommt der Resonanzraum ins Schwingen, außerdem werden Beweglichkeit und Flexibilität der Zunge trainiert.

Mhhhm-Lecker-Stimmlage

#Aufwärmen #Körper #Stimme #Sprechgestaltung
Gruppengröße: 1–30 · *Komplexität:* ☒☐☐
Anforderungen Raum/Ausstattung: keine

Eine wichtige Grundlage für das Sprechen bildet die Suche nach der Indifferenzlage. Damit bezeichnet man die Lage, in der die Stimme am ökonomischsten funktioniert und somit auch bei lautem Sprechen am wenigsten beansprucht wird. Gleichzeitig ist diese Stimmlage auch die, in der man beim Sprechen authentisch und stimmig klingt.

Um sich an die Indifferenzlage heranzutasten, stellt man sich vor, ein Stück Schokolade oder ein anderes Lieblingslebensmittel auf der Zunge zergehen zu lassen und tönt dabei ein genießendes »MMMHHHMMM«. Ist die Stimmlage von allen Gruppenmitgliedern gefunden, kann man den Kreis verlassen und noch ein Weilchen damit übend kreuz und quer durch den Raum laufen. Hier kann die Gruppe nun beginnen, einzelne Worte an das Summen anzufügen, z. B. »LECKER«, »WUNDERBAR« usw., und so ins Sprechen in Indifferenzlage überzuleiten.

PTK-Kreis

#Aufwärmen #Körper #Stimme
Gruppengröße: 3–30 · *Komplexität:* ☒☒☐
Anforderungen Raum/Ausstattung: keine

Für die deutliche Artikulation sind die Konsonanten und ihre klare Aussprache ein wesentliches Instrument, das mit dieser Übung angepackt werden kann. Im Prinzip funktioniert das Spiel wie »Swing-Klong-Pow« (siehe S. 64). Für die drei Konsonanten P, T und K wird jeweils eine Geste zum Weitergeben im Kreis erläutert. Während das »P« deutlich zur nächsten Person im Kreis ausgesprochen wird, verdeutlicht die sprechende Person den Konsonanten, indem mit erhobener Hand Daumenrückseite, Zeigefinger und Mittelfinger aufeinandergelegt werden und mit einer Öffnung der Hand auseinanderschnalzen. »T« wird von einem Tippen an die Stirn mit aneinandergelegtem Zeige- und Mittelfinger begleitet und »K« durch ein imaginäres Anstoßen zur Seite mit dem angewinkelten Ellenbogen. Die drei Konsonanten und ihre zugehörige Bewegung dürfen wild durchmischt werden, lediglich die Reihenfolge der Weitergabe orientiert sich an den Regeln des Spiels »Swing-Klong-Pow«.

Summ-Dirigent

#Aufwärmen #Stimme
Gruppengröße: 1–30 · *Komplexität:* ☒☐☐
Anforderungen Raum/Ausstattung: keine

Die Spielleitung gibt dirigierend die Stimmlage des Summtons an. Alle beginnen in einer ihnen angenehmen Stimmlage, bestenfalls der Indifferenzlage mit dem Summen. Das Zwischenatmen erfolgt individuell und versetzt, so dass sich möglichst ein stetiger Summ-Chor ergibt. Die dirigierende Hand der Spielleitung kann nun langsam die Höhe oder Tiefe variieren, indem die Hand nach oben oder unten geführt wird und der Summ-Chor mit der Stimme folgt. So entsteht eine kollektive Erfahrung des Resonanzkörpers, aber auch ein »akustisches Bild«, das in den Prozess der Stückentwicklung weitergedacht werden kann.

Variante:
Lautstärke auf Handzeichen variieren.

Summtürme

#Aufwärmen #Raum #Stimme
Gruppengröße: 5–20 · *Komplexität:* ☒☒☐
Anforderungen Raum/Ausstattung: keine

Auf der Spielfläche stehen alle mitspielenden Personen verteilt, die Spielleitung bleibt außen vor. Mit einer Person wird ein Ziel im Raum vereinbart, das sie mit verbundenen Augen erreichen muss, ohne an eines der Gruppenmitglieder zu stoßen. Während die blinde Person auf das Ziel losgeht, beginnen die verteilten Gruppenmitglieder zu summen. Durch ihre zunehmende Lautstärke können sie signalisieren, wenn der Läufer oder die Läuferin zu nahe kommt. Die Spielleitung signalisiert der Person das Ankommen am Ziel.

sssst-Fliege

#Aufwärmen #Körper #Stimme
Gruppengröße: 1–30 · *Komplexität:* ☒☐☐
Anforderungen Raum/Ausstattung: keine

Der ausgestreckte Zeigefinger stellt eine Fliege dar, die mit »ssss«-Ton eine Flugbahn durch den Raum zieht, der »ssss«-Ton begleitet die Flugkurve durch die Variierung der Tonhöhe.

Die Fliege landet am Ende der Flugkurve immer mit »T« an einem Punkt in der Luft. Alle Gruppenmitglieder haben ihre eigene Fliege und fliegen zehn verschiedene Flugkurven durch den Raum, bevor sie die letzte davon wieder in den Kreis zurückführt.

Zungenbrecher

#Aufwärmen #Stimme
Gruppengröße: 1–30 · *Komplexität:* ☒☐☐
Anforderungen Raum/Ausstattung: keine

Für diese Übung kommen klassische Zungenbrecher zum Einsatz, wie z. B. dieser: »Am zehnten Zehnten zehn Uhr zehn zogen zehn zahme Ziegen zehn Zentner Zucker zum Zoo.«[4]

Die Spielleitung beginnt Stück für Stück, langsam, aber sehr deutlich, den Zungenbrecher vorzusprechen. Die Gruppe wiederholt so lange, bis alle den Text können. Dann geht es in mehreren Wiederholungen gemeinsam immer schneller, bis das Limit erreicht ist. Im Prinzip kann man hierfür alle Zungenbrecher nutzen, weitere wären beispielsweise:

- Blaukraut bleibt Blaukraut und Brautkleid bleibt Brautkleid.
- Fischers Fritz fischt frische Fische, frische Fische fischt Fischers Fritz.[5]

Variante:
In den Wiederholungen auf verabredete Zeichen lauter und leiser werden. Warm wird das Sprechwerkzeug in beiden Fällen!

4 Artikel »Zungenbrecher«, in: *Wikipedia*, letzte Bearbeitung 3. 6. 2024, https://de.wikipedia.org/wiki/Zungenbrecher (Stand: 12. 6. 2024)

5 »Zungenbrecher« (s. Anm. 4).

Bauch-T

#Aufwärmen #Körper #Stimme
Gruppengröße: 1–30 · *Komplexität:* ☒☐☐
Anforderungen Raum/Ausstattung: keine

Diese kleine Vorübung dient dazu, das Thema dieses Kapitels spürbar und anschaulich einzuführen. Dazu halten alle zunächst eine Hand vor den Mund und sprechen mehrere »T« hintereinander so deutlich aus, dass ein leichter Luftstrom beim Bilden des »T« an der Hand spürbar wird. Nun wird die andere Hand auf den Bauch gelegt, um zu erspüren, was für Bewegungen die Bauchdecke dabei macht. Nun wird das Zwerchfell gezielt dazu eingesetzt, dass »T« zu verstärken, indem die Luft durch das Einziehen der Bauchdecke mehr Druck erhält und beim »T« durch die Zähne hinausgepresst wird. Das wird so lange wiederholt, bis die Gruppenmitglieder den Zusammenhang der Bewegung unter der Hand zum ausgestoßenen Luftstrom spüren können.

Tipp:
An dieser Stelle lässt sich sehr gut erläutern, welche Wichtigkeit das Nutzen und Stärken von Zwerchfell und Stütz (tiefgestelltes Zwerchfell und leicht gehobene Brustmuskulatur) für ein lautes und gleichzeitig stimmschonendes Sprechen haben. Daraus erschließt sich auch das Ziel der folgenden Übungen.

Dart

#Aufwärmen #Körper #Stimme
Gruppengröße: 1–30 · *Komplexität:* ☒☐☐
Anforderungen Raum/Ausstattung: keine

Bei dieser Übung werfen alle Gruppenmitglieder kleine imaginäre Dartpfeile in den Kreis hinein, indem sie Zeige- und Mittelfinger auf die Unterseite des Daumens pressen und damit den Pfeil festhalten. Die Wurfbewegung begleitet ein ausgesprochenes »FFF-T«. Das »T« sollte beim Loslassen des Pfeils erklingen.

HA-TA-Rudern

#Körper #Stimme
Gruppengröße: 1–30 · *Komplexität:* ☒☐☐
Anforderungen Raum/Ausstattung: keine

Man geht hierfür leicht in die Knie, die Beinstellung ist eine Grätsche. Mit den Lauten »HA, TA, MA, PA …« (weitere Konsonanten durchspielen) zieht man jedes Mal von vorn nach hinten mit den Armen in einer Art »Ruderbewegung« an der Hüfte vorbei.

Entweder macht die Spielleitung einen Laut vor (z.B. »HA«) und alle wiederholen chorisch oder die gesamte Gruppe übt parallel im eigenen Tempo.

⁙ KA-Schieber

#Körper #Stimme
Gruppengröße: 2–30 · *Komplexität:* ☒☒☐
Anforderungen Raum/Ausstattung: keine

Dieselbe Ausgangshaltung wie beim HA-TA-Rudern. Die Hände werden in Hüfthöhe locker rechts und links des Körpers gehalten. Nun schiebt ein Gruppenmitglied die Hände mit Anspannung in einem schnellen Impuls an der Hüfte vorbei nach vorne und schießt oder schiebt damit ein »KA« zum Gegenüber, dieser gibt an ein anderes Gruppenmitglied über die Kreismitte hinweg weiter. Die Spielleitung achtet darauf, dass die Gruppenmitglieder möglichst die Indifferenzlage ihrer Stimme und annähernd maximale Lautstärke nutzen.

Variante:
Alle gemeinsam führen die Bewegung im gleichen Rhythmus ca. zehnmal aus.

•• Rückenstreit

#Körper #Sprechgestaltung #Stimme
Gruppengröße: 2–20 · *Komplexität:* ☒☒☐
Anforderungen Raum/Ausstattung: keine

Paare mit etwa gleicher Körpergröße wenden sich den Rücken zu und gehen leicht in die Knie, so dass die beiden Rücken gerade aneinandergedrückt werden und die Arme an den Ellenbogen ineinander verhaken. Die Paare beginnen nun Rücken an Rücken einen Streit in Gromolo (siehe S. 166) und schieben und drücken sich dabei gegenseitig durch den Raum. Mit der Körperspannung, die durch das Schieben und Gegenhalten entsteht, wird der Stütz aktiv für die Stimme genutzt und so Lautstärke und Kraft der Stimme verbessert.

Variante:
Vorab einen unverfänglichen Satz ausdenken lassen, der im Loop wiederholt wird.

Tipp:
Gromolo kann auch durch verständliche Sprache ersetzt werden, wobei die Herausforderung dann darin liegt, die Logik des Inhalts nicht überzubewerten und trotz des Streits keine direkten Beschimpfungen zu nutzen, da es sonst schnell hässlich wird.

Luftpresse

#Aufwärmen #Körper #Stimme
Gruppengröße: 1–30 · *Komplexität:* ☒☒☐
Anforderungen Raum/Ausstattung: keine

Jedes Gruppenmitglied benötigt genügend Platz, um die Arme seitlich auszustrecken. Für die Ausgangsposition werden die Arme über Kopf nach oben gestreckt und der Bauch angespannt. Die Arme werden nun in Etappen von ca. zehn Zentimetern schubartig über die Seiten nach unten gepresst, ganz so, als würde man rechts und links von sich zwei große Türme aus Gummi auf den Boden hinunterdrücken. Mit jedem Schub stößt man einen der Reibelaute »F«, »S« und »SCH« aus, wobei die drei Laute sich so lange wiederholen, bis die Arme an der Hüfte angekommen sind. Dieselbe Übung danach mit »P«, »T« und »K« ausführen.

Whop-Sumpf

#Aufwärmen #Körper #Stimme
Gruppengröße: 1–30 · *Komplexität:* ☒☒☐
Anforderungen Raum/Ausstattung: keine

Man stellt sich vor, in der Mitte des Kreises wäre ein großer Sumpf, aus dem man verschiedene Bälle herausheben kann. Auf Ansage werden nun zunächst die größten und schwersten Bälle herausgefischt, indem man tief in die Knie geht und mit großen runden Armen eine Heraushebe-Bewegung macht und dabei auch in den Knien wieder hochkommt. Dazu sagen alle gemeinsam »WHOP«. Ungefähr fünf Mal wiederholen.

WHUP-Kugeln sind etwas kleiner und liegen – um im Bild zu bleiben – weniger tief im Sumpf. Man hebt sie schon in Höhe der Knie heraus.

WHAP-Kugeln können in Hüfthöhe aber mit derselben Armbewegung herausgeholt werden. WHEP-Kugeln kann man nun mit einer Hand herausschaufeln und die kleinsten, die WHIP-Kügelchen zieht man mit spitzen Fingern nach oben.

Mit dieser Übung verbinden sich das aktivierte Zwerchfell und Artikulation im Mundraum, was dem Sprechen schon sehr nahekommt.

Variante (bei kleineren Gruppen):
Ein »WHOP«- Sound wird mit runden Armen und gebeugten Knien aus dem Boden herausgeholt und zum Nachbarn geworfen (er ist sehr schwer). Dann folgen die anderen Konsonanten als Whup-, Whap-, Whep- und Whip-Kugeln, die nach und nach immer leichter werden.

Tipp:
Vor allem »W« und »P« deutlich artikulieren lassen.

3.4 Weitere Arbeit an der Stimme

Das Meer ruht

#Gruppe #Körper #Rhythmus #Stimme
Gruppengröße: 5–20 · *Komplexität:* ☒☒☒
Anforderungen Raum/Ausstattung: keine

Im Kreis stehend fassen sich alle an den Händen und gehen so weit wie möglich nach außen. Nun die Hände lösen und die Handflächen auf Bauchhöhe halten. Dann wird das folgende Gedicht aufgesagt und bei jeder Silbe ein gemeinsamer Schritt nach innen gegangen. Die Hände schieben gleichzeitig mit den Handflächen nach unten gedreht mit jedem Schritt ein Stück nach vorne, als ob sie imaginären Sand flach streichen würden.

»Bemesst den Schritt! Bemesst den Schwung!«
(währenddessen acht Schritte vorwärts)

Nun fassen sich alle an den Händen und übernehmen den Takt der Silben mit den Händen hin- und herschlenkernd:

> **»Die Erde bleibt noch lange jung!«**[6]
> Conrad Ferdinand Meyer »Säerspruch«

Bei »JUNG« reißen alle die Hände gemeinsam nach oben (immer noch Hand in Hand).

Nun geht es in kleinen Schritten auf die Silben des folgenden Verses zurück in den großen Kreis, wobei die Hände sich lösen und alle mit den Händen die Wogen des Meeres glattstreichen. Die Arme werden dabei mit jeder Streichbewegung ein Stück tiefer genommen, bis bei »Meer« alle Arme wieder unten sind.

> **»Tiefe Stille herrscht im Wasser,**
> **Ohne Regung ruht das Meer«**[7]
> Johann Wolfgang von Goethe »Meeresstille«

Tipp:
Je deutlicher die Konsonanten des Gedichts betont werden, desto rhythmischer wird das Gedicht. Da hier ein schönes Gemeinschaftsgefühl entsteht, kann man die Übung sehr gut vor der Aufführung einsetzen, sofern die Gruppe sie schon vorab kennengelernt hat.

6 Conrad Ferdinand Meyer, »Säerspruch«, in: *The LiederNet Archive*, www.lieder.net/lieder/get_text.html?TextId=144870 (Stand: 12. 6. 2024)

7 Johann Wolfgang von Goethe, »Meeresstille«, in: *Aphorismen.de*, https://www.aphorismen.de/gedicht/726 (Stand: 12. 6. 2024).

Gromolo

#Aufwärmen #Körper #Sprechgestaltung #Stimme
Gruppengröße: 5–20 · *Komplexität:* ☒☒☐
Anforderungen Raum/Ausstattung: keine

Mit diesem Titel bezeichnet die Theaterpädagogik eine Fantasiesprache, die improvisiert wird. Man nutzt sie gerne, um sprachlich zu arbeiten, ohne einen Inhalt über Text zu vermitteln. Es passiert gerade bei Gruppen am Anfang der Theaterarbeit oft, dass die körpersprachliche Ausdrucksfähigkeit sofort zurückgenommen wird, sobald Text hinzukommt. Gromolo ermöglicht, die Lautstärke, Stimmlage und Betonung der Stimme als Ausdrucksmittel auf Sprachebene zu nutzen. Um den Inhalt zu vermitteln, wird dennoch die Körpersprache im Fokus gehalten, da keine verständlichen Worte zur Verfügung stehen. Diese Übung zeigt eine Heranführung an Gromolo:

Die Spielleitung erläutert zunächst die Idee hinter Gromolo oder gibt selbst ein Beispiel. Die Gruppe darf im Raumlauf ausprobieren, indem jedes Mitglied vor sich hin brabbelt und zunächst leise versucht, mit der neuen Sprache warmzuwerden. Die Lautstärke wird nun aktiv gesteigert, bis am Ende alle lautstark mit sich selbst oder den entgegenkommenden Personen im Raum Gromolo sprechen.

Nun kann die Gruppe sich im Kreis wiederfinden und dort kleine Zweierdialoge weiterreichen, die über Körpersprache und Mimik, aber eben auch durch Lautstärke, Stimmlage und Betonung gestaltet werden.

Tipp:
Gromolo klingt mehr nach einer »echten Sprache«, wenn eine Art Struktur entsteht, z. B. über Wiederholungen ähnlich klingender Silben oder durch Pausen klar abgesetzter Einzelsilben, z. B. »Sidö tamö mat atamö. Dö?«

• **Mimik-Chor** (nach Andrew Morrish)

#Improvisation #Körper #Stimme
Gruppengröße: 5–20 · *Komplexität:* ☒☒☒
Anforderungen Raum/Ausstattung: keine

Die Gruppe formiert sich als Pulk wie ein Chor, der nun von einer freiwilligen Person zu Tönen angeregt wird. Diese Person steht zum Dirigieren vor der Gruppe. Anders als gewöhnlich nutzt sie nicht einen Dirigierstab oder Armbewegungen, sondern Kopfbewegungen und Grimassen. Während diese Person lediglich die Gesichtsbewegung ausführt, ahmen die Chormitglieder die Grimassen nach und geben den Ton von sich, der sich für sie daraus jeweils ergibt. Das muss nicht unbedingt der sein, den die benachbarten Chormitglieder von sich geben. Es entsteht ein lustiges Bild und ein interessantes akustisches Ergebnis.

Mit freundlicher Genehmigung von Andrew Morrish.

•• Operndeutt

#Improvisation #Körper #Stimme
Gruppengröße: 2–20 · *Komplexität:* ☒☐☐
Anforderungen Raum/Ausstattung: verschiedene Zettel mit Situationen

Dieses Spiel kann gut an aufwärmende Stimmübungen angeschlossen werden. Es werden Zweiergruppen eingeteilt, die jeweils einen Zettel ziehen, auf denen eine Situation genannt ist. Die Aufgabe der Gruppen ist es nun, die vorgegebene Situation jeweils in eine kurze Opernszene zu überführen, d. h. in einen dialogischen Szenenaufbau, der gesungen wird. Dabei dürfen schnelle Wechsel in Tonhöhe und Emotion als grundlegendes Ausdrucksmittel genauso eingesetzt werden wie pathetische Körperbewegungen.

Beispiele für Situationen:

- In einer Bar: Die Bedienung stolpert mit dem Tablett über einen Gast.
- Im Sprechzimmer: Die Diagnose lautet …
- Im Bus: Jemand findet das Ticket nicht, hat aber eines.
- In der Schule: Die Hausaufgabe ist von der Katze zerfetzt worden.

4 Konzentration herstellen

Im Laufe eines Probenprozesses gibt es einige herausfordernde Phasen zu meistern. Wenn Texte noch nicht sitzen, kann sich eine Szenenprobe herausfordernd zäh gestalten. Auch langes Herumstehen und Warten auf den Einsatz kann sehr müde machen. Ein anderes Extrem stellt sich kurz vor der Aufführung ein: Adrenalin flutet die Köpfe und die Gruppe ist komplett aufgedreht. Kurzum: Dieser Abschnitt ist für alle Momente und Situationen gedacht, in denen die Energie gebündelt werden muss, Fokussierung und Beruhigung notwendig sind oder ein inneres Sammeln guttut.

Händedruck

#Entspannung #Gruppe #Konzentration
#Wahrnehmung
Gruppengröße: 3–20 · *Komplexität:* ☒☐☐
Anforderungen Raum/Ausstattung: keine

Alle Personen geben sich im Kreis die Hände, schließen die Augen und kommen zur Ruhe. Die Spielleitung sendet stumm einen Händedruck in eine Richtung aus. Wer den Händedruck spürt, muss ihn mit der anderen Hand weiterreichen. Die Spielleitung kann dabei die Richtung vorgeben und mehrere Händedrücke nacheinander weitergeben. Nach einigen Runden ist es auch allen anderen Personen erlaubt, die Richtung zu wechseln, indem sie einen erhaltenen Händedruck mit derselben Hand erwidern.

Das Spiel ist am schönsten, wenn es der Gruppe gelingt,

dabei komplett zu schweigen. Selbst die Anleitung ist nur über die stumme Ausführung mit geschlossenen Augen machbar.

Variante:
Aus dem Händedruck kann auch mehr werden, z. B. ein Ziehen, eine Bewegung nach oben, ein Kraulen, Kitzeln oder Kneten der Hände. Diese Signale müssen von der Spielleitung sehr deutlich gestartet werden, da diese Änderung zunächst für Irritation sorgen kann.

Partnerklau

#Gruppe #Konzentration #Reaktion
Gruppengröße: 7–21 · *Komplexität:* ☒☒☐
Anforderungen Raum/Ausstattung: keine

Die Paare ordnen sich hintereinanderstehend im Kreis an und blicken dabei beide ins Kreisinnere. Lediglich eine Person steht alleine und wünscht sich ebenfalls eine Partnerschaft.

Die hinteren Personen verschränken die Arme auf dem Rücken, um die Reaktionszeit zu verlängern. Die Einzelperson ruft nun den Namen eines Gruppenmitglieds, das vorne steht, dieses versucht sofort zu ihr loszulaufen. Die hintere Person hindert sie oder ihn durch schnelles Festhalten, darf aber die Position nicht verlassen. Behält sie dadurch ihr Tandem, ruft die Einzelperson weitere Namen, falls nicht, geht diese Aufgabe bei der neuen Einzelperson weiter.

Variante:
Die Paare stehen nebeneinander, die Einzelperson kann nun beide Namen rufen. Um es verwirrender zu gestalten, muss die Person, die gerufen wird, stehen bleiben und die andere flüchtet. Macht definitiv wach!

Tipp:
Wegen des erforderlichen Körperkontakts beim Festhalten besser nur mit Gruppen durchführen, die vertraut miteinander sind.

•• **Stöcke fangen** (Baustein 1)

#Aufwärmen #Körper #Konzentration #Reaktion
Gruppengröße: 3–20 · *Komplexität:* ☒☐☐
Anforderungen Raum/Ausstattung: 1 Stock pro Person

Die Gruppe teilt sich in Zweierteams auf und die Paare stehen sich gegenüber. Eine Person hält den Stock quer über dem Boden auf Brusthöhe zwischen beiden Händen fest. Die zweite Person hält eine geöffnete Hand zum Fangen in die Mitte über den Stock. Lässt die erste Person los, kann die Hand der zweiten Person mit nach unten gehen und den Stock im besten Fall erhaschen, bevor er zu Boden fällt.

Variante:
Person 1 hält den Stock mit einer Hand senkrecht hoch, die Hand der fangenden Person ist am unteren Ende leicht unterhalb des Stocks als lockere Faust so geöffnet, dass dieser hindurchrutschen und dennoch gegriffen werden kann.

Stock weitergeben (Baustein 2)

#Gruppe #Konzentration
Gruppengröße: 3–20 · *Komplexität:* ☒☒☒
Anforderungen Raum/Ausstattung: Stöcke (z. B. leichte Bambusstöcke aus dem Gartencenter oder Stockkampfstöcke, siehe »Fang den Stock«, S. 89)

Diese Übungen mit Stöcken kann man auch im Anschluss an »Fang den Stock« (siehe S. 89) setzen, hier geht es jedoch mehr um Takt und Konzentration als um Tänzerisches. Jedes Gruppenmitglied hat einen Stock in der Hand und macht sich im Folgenden damit vertraut:

Die Stöcke werden mit beiden Händen senkrecht gehalten, hochgeworfen, gefangen (einige Wiederholungen). Dann die Stöcke horizontal halten, hochwerfen, fangen.

Nun werden die Stöcke senkrecht gehalten und im Kreis herum in einer Art Zweiertakt weitergegeben. Alle beginnen mit dem Stock in der linken Hand, geben ihn dann auf ein gemeinsames Signal zur eigenen rechten Hand weiter, von der rechten Hand zur nächsten Person rechts im Kreis, gleichzeitig wird der neue Stock von links mit der linken Hand angenommen.

Funktioniert das, kann man auch im Kreis herum gleichzeitig auf drei zur nächsten Person rechts werfen, auch hierbei bleiben die Stöcke senkrecht!

Tipp:
Immer dorthin schauen, wo der neue Stock von links kommt.

Variante für Geübte:
Senkrecht halten, zum Gegenüber im Kreis werfen (alle gleichzeitig). Funktioniert tatsächlich – magisch!

Tipp-Call

#Konzentration #Reaktion
Gruppengröße: 3–20 · *Komplexität:* ☒☒☐
Anforderungen Raum/Ausstattung: keine

Hier handelt es sich um ein kleines Verwirrspiel, bei dem die Gruppe wachsam sein muss, um mitzukommen, weshalb es wunderbar zur Konzentration und Sammlung dienen kann. Im Raumlauf beginnt die Spielleitung damit, ein Gruppenmitglied beim Namen zu rufen. Dieses tippt nun im Vorbeilaufen eine andere Person an, die wiederum ein anderes Mitglied beim Namen ruft. Namen rufen und antippen wechseln sich also ab und genau hierin liegt die Herausforderung. Klingt einfacher, als es ist!

Tadasana – Die Berghaltung
(Variante des Theaterstands)

#Atmung #Entspannung #Körper #Wahrnehmung
Gruppengröße: 1–20 · *Komplexität:* ☒☒☐
Anforderungen Raum/Ausstattung: Wichtig: Die Übung sollte barfuß oder in Socken ausgeführt werden.

Diese Haltung kommt aus dem Yoga und wird zum Einüben der Aufrichtung des Körpers genutzt. »Tadasana« führt zu einer tiefen Wahrnehmung von Stabilität und Präsenz. Man nutzt sie hier anders als den Theaterstand, der eher eine neutrale Ausgangsposition darstellt, um Ruhe zu schöpfen.

Beide Füße stehen mit einer Faustbreit Abstand nebeneinander, die Außenkanten der Füße sind parallel ausgerichtet. Nun spürt man mit geschlossenen Augen in die Fußsohlen hinein, hebt die Zehen an und verteilt dann das Körpergewicht gleichmäßig auf die drei Auflagepunkte der Füße, das sind der Ballen des großen Zehs, der Ballen des kleinen Zehs und die Ferse. Schließlich werden die Zehen locker aufgefächert abgelegt.

Wenn alle gemeinsam die Haltung eingenommen haben, kann man mit der Aufmerksamkeit durch den Körper von unten nach oben wandern. Beim ersten Mal sollte man der Gruppe jeden Körperabschnitt zunächst in der Haltung zeigen, später kann auch diese Abfolge mit geschlossenen Augen auf Ansage der Spielleitung erfolgen.

Die Beine sind locker und die Knie ganz leicht gebeugt, also nicht durchgedrückt. Die Hüfte wird durch ein leichtes Nach-vorne-Schieben der unteren Beckenhälfte gerade gestellt und das Hohlkreuz vermieden. Der Kopf befindet sich aufrecht in Verlängerung der Wirbelsäule, der Mittelpunkt des Scheitels wird wie mit einem unsichtbaren Faden nach oben gezogen, das Kinn dabei leicht zur Kehle geführt.

Bei jedem Atemzug werden nun die Schultern leicht angehoben, nach hinten geschoben und über die Schulterblätter zusammengeführt, beim Ausatmen sinken die Schultern bei aufrechter Haltung locker nach unten.

Arme und Hände hängen entspannt neben dem Körper, wobei die Finger zum Boden gestreckt werden. Das Gesicht ist entspannt, ein leichtes Lächeln kann dabei helfen.

Wenn die Gruppe in der Haltung einige Atemzüge gemacht hat, kann man den Beobachtungsauftrag geben: Spüre deine Aufrichtung. Spüre deine Größe. Spüre den Raum, den du einnimmst.

Nach einigen Atemzügen können zunächst die Finger locker bewegt werden, dann die Augen öffnen, die Haltung auflösen, und ausschütteln lassen.

Tipp:
Anfangs fühlt die Haltung sich ungewohnt und die Fußstellung falsch an, jedoch ist die Übung nach mehrmaliger Wiederholung über längere Zeiträume absolut wirkungsvoll, nicht nur für die Konzentration, auch für die Präsenz.

Viele hilfreiche Videoanleitungen zu dieser Haltung finden sich im Internet, wenn man den Titel der Übung in eine Suchmaschine eingibt.

Wachrütteln

#Entspannung #Körper
Gruppengröße: 1–20 · *Komplexität:* ☒☐☐
Anforderungen Raum/Ausstattung: keine

Die Ausgangsposition ist der Theaterstand. Man drückt sich zuerst mit der Ferse zwei bis drei Zentimeter nach oben vom Boden weg, die Zehen und der Ballen bleiben am Boden, der gesamte Körper bleibt aufrecht, die Arme hängen locker herunter. Dann lässt man die Fersen auf den Boden zurückfallen, so dass ein kleiner Ruck durch den Körper geht, wenn die Ferse auf den Boden prallt. Diese Bewegung wiederholt man nun schneller, so dass sie zu einem rhythmischen Durchschütteln des ganzen Körpers wird, wobei die Waden hauptsächlich für die Bewegung zuständig sind und die Arme locker schlackern. Wenn die Bewegung funktioniert, sollte die bewusste Atmung ergänzt werden, wobei der Fokus auf langes Ausatmen gelegt werden kann. Nimmt man die Stimme über den geöffneten Mund zum Ausatmen hinzu, ergibt sich auch eine feine Aufwärmübung für die Sprechstimme, bei der auch die Stimmbänder gelockert werden.

Es wird auf Dauer ein wenig anstrengend, aber man kann mit Wiederholung über mehrere Übungsstunden hinweg die Zeit allmählich verlängern, so dass eine Minute gut möglich wird.

Tipp:
Das Wachrütteln ist auch hilfreich bei Nervosität und Aufregung, also z. B. auch vor der Aufführung. Damit sich diese Wirkung einstellt, sollte man die Übung unbedingt vorab ein paar Mal durchgeführt haben.

5 Längere Probeneinheiten gestalten

Wenn man das Glück hat, mit der Theatergruppe längere Zeit an einer Produktion zu arbeiten, z. B. über ein Probenwochenende oder eine Freizeit hinweg, passiert viel Wichtiges auch zwischen den Proben, etwa beim gemeinsamen Essen oder am Abend. Allein diese Zeit zusammen macht etwas ganz Besonderes mit dem Ensemble. Manche Übungen bieten sich ganz speziell für diese Momente an, weil sie länger dauern als gewöhnlich oder weil sie eine besondere Erfahrung für die Gruppe darstellen können, die hier ihren Raum bekommen kann.

Abendessen mit Persönlichkeit

#Gruppe #Impro
Gruppengröße: 1–30 · *Komplexität:* ☒☐☐
Anforderungen Raum/Ausstattung: Rollenkarten

Perfekt lässt sich dieses Spiel mit einer gemeinsamen Mahlzeit verbinden. Vorab werden Rollenkarten verteilt, auf denen die Namen berühmter Persönlichkeiten, Comicfiguren oder anderer bekannter Stars und Sternchen stehen. Das Essen spielt sich für alle mit der Ausführung dieser Rolle ab. Am Ende wird natürlich aufgelöst.

Variante:
Man kann hier auch die Rollen des Stücks neu verteilen mit der Aufgabe herauszufinden, wer die eigene Figur jetzt spielt.

Krabbelgruppe

#Gruppe #Körper #Raum #Wahrnehmung
Gruppengröße: 5–15 · *Komplexität:* ☒☒☐
Anforderungen Raum/Ausstattung: keine

(Achtung, nur für Gruppen, die körperliche Berührung schon gewohnt sind und sich vertrauen.)

Im Kreis befinden sich alle Gruppenmitglieder im Vierfüßlerstand am Boden mit Blick zur Kreismitte. Auf ein Zeichen der Spielleitung sollen die Gruppenmitglieder gleichzeitig und mit geschlossenen Augen einen Weg durch den Kreis zu einem Platz gegenüber finden. Die Spielleitung kann ihnen durch kurze Berührung an der Schulter und das Wort »angekommen« signalisieren, wenn sie die andere Seite erreicht haben. Warten, bis alle anderen durch sind, gilt nicht!

Variante:
Noch intensiver im Körperkontakt ist die Einschränkung, dass alle auf dem Bauch liegend durch den Kreis kommen müssen. Das funktioniert nur, indem über- und untereinander gekrabbelt wird.

Nonsense-Talk

#Fantasie #Gruppe
Gruppengröße: 5–20 · *Komplexität:* ☒☐☐
Anforderungen Raum/Ausstattung: keine

Das ist ein tolles Spiel für gemeinsame Abende auf einem Probenwochenende oder auch als Einleitung in ein Gespräch über den Inhalt oder die Rollen des eigenen Stücks, sofern man kreativ genug ist, sich eine Nonsense-Fragestellung dazu auszudenken. Es dient in jedem Fall dazu, ausgefallene Ideen zu entwickeln, die Fantasie zu erweitern und das freie Sprechen zu trainieren. Es ist möglich, im Vorfeld Rollen zu verteilen oder die teilnehmenden Personen in Gruppen, Parteien etc. zu unterteilen, manchmal ist es aber auch schön, wenn die Rollen sich erst im Gespräch finden dürfen.

Talk-Themen könnten sein:

- Das Mittelmeer soll überdacht werden, was wären Vor- und Nachteile?
- Alle Pferde des Landes gemeinsam könnten sehr viel fortbewegen – was sollten sie unbedingt bewegen?
- Bestes Team: Asterix und Obelix oder Biene Maja und Willi?
- Was wäre, wenn Harry Potter nie erfunden worden wäre?
- Was passiert, wenn die Erde ein Loch bekommt, durch das man auf die andere Seite gehen kann?

Stück-Scharade

#Gruppe #Improvisation
Gruppengröße: 5–20 · *Komplexität:* ☒☐☐
Anforderungen Raum/Ausstattung: Zettel, Stifte

Das klassische Spiel »Scharade« ist ein Pantomime-Ratespiel. Ein Gruppenmitglied spielt dazu einen auf Zetteln vorbereiteten Begriff vor, die anderen müssen den Begriff erraten. Wer am meisten Begriffe errät, gewinnt. Man kann eine Zeitbegrenzung pro Begriff einführen und dann auch der vorspielenden Person einen Punkt geben, wenn innerhalb der Zeit erraten wurde. Falls man sich mit der Gruppe schon in einer Stückentwicklung befindet, kann man sehr gut Begriffe, Orte oder Personen aus dem Stück auswählen.

Zeit reverse

#Gruppe #Konzentration #Raum #Wahrnehmung
Gruppengröße: 5–20 · *Komplexität:* ☒☒☒
Anforderungen Raum/Ausstattung: Stühle, Stoppuhr

Für den Beginn dieses Spiels ist es notwendig, dass die Spielleitung im Raum einen Stuhlkreis mit genügend Stühlen vorbereitet hat und die Gruppe vor der verschlossenen Tür außerhalb des Raumes wartet. Die Spielleitung startet die Stoppuhr, öffnet dann wortlos die Türe und lässt die Gruppe herein. Falls es nicht von selbst geschieht, bittet sie alle Anwesenden darum, im Stuhlkreis Platz zu nehmen.

Wenn die letzte Person Platz genommen hat, setzt sich auch die Spielleitung und drückt auf der Stoppuhr auf Stopp.

Nun wird die Gruppe gebeten, denselben Vorgang in der gestoppten Zeit möglichst exakt zu wiederholen. Vermutlich sind nun Absprachen nötig, um sich an die Reihenfolge vor der Türe oder die Laufwege zu den Stühlen zu erinnern. Wenn diese geklärt sind, startet das Experiment und die Gruppe geht in die Ausgangsposition vor der Türe und der Ablauf ab dem Öffnen der Türe bis zum Setzen der Spielleitung erfolgt erneut.

Mit dieser Situation kann nun weiter gespielt werden. Schafft die Gruppe einen Ablauf rückwärts? Schafft sie ihn in der doppelten Zeit? Schafft man denselben Ablauf, wenn die Rollen um einen Platz weiter getauscht werden?

Mögliche Nachbesprechung:
Diese Wahrnehmungsübung kann in vielfältiger Weise weitergenutzt und nachbesprochen werden. Inhärente Themen sind natürlich die Zeit und ihre Wahrnehmung an sich, aber genauso bewusste und unbewusste Vorgänge innerhalb einer einfachen Handlung, Eigen- und Fremdwahrnehmung, Authentizität usw. Einleitende Fragestellungen könnten z. B. sein:

- Wie lange hat dieser Moment ab dem Öffnen der Türe eurer Schätzung nach gedauert?
- Was ist euch beim Wiederholen schwergefallen?
- Woran konntet ihr euch gut erinnern, woran nicht?
- Welche Handlungen oder Tätigkeiten der anderen sind euch aufgefallen und warum?

Zettelspiel

#Gruppe #Improvisation
Gruppengröße: 5–15 · *Komplexität:* ☒☒☒
Anforderungen Raum/Ausstattung: Stoppuhr, Zettel, Stift

Von jedem Gruppenmitglied werden drei leere Zettel mit je einem Begriff gefüllt. Die Zettel werden auf einen Stapel gelegt, von dem alle ziehen können, wenn sie an der Reihe sind. Das Spiel hat vier Runden, während derer der Zettelstapel reihum wandert. Jede Person hat 30 Sekunden Zeit, um einen Begriff nach dem anderen zu erklären. Man darf auch Begriffe auslassen. Wer errät, darf den Zettel an sich nehmen. Nach jeder Runde werden alle erratenen Zettel als Punkte notiert, und mit nicht erratenen Begriffen zurück in einen Stapel gemischt. Entscheidend sind nun die Arten des Erklärens, sie unterscheiden sich in jeder Runde:

In der ersten Runde werden die Begriffe wie beim bekannten Spiel »Tabu« erklärt, d. h. das Wort selbst und Teile davon dürfen für die Erklärung nicht genutzt werden.

Die zweite Runde erfolgt mit denselben, neu gemischten Begriffen in pantomimischer Darstellung. Die Begriffe sind der Gruppe mittlerweile bekannt, in der dritten Runde darf man daher den Begriff nur noch mit einem einzigen Wort erklären, in der vierten Runde ist lediglich ein Geräusch erlaubt.

Der Witz des Spiels liegt darin, dass alle die Begriffe irgendwann sehr gut kennen und es um die Geschwindigkeit geht, in der man den aktuell gemeinten Begriff erkennen und nennen kann. Und ja, es sind auch die Begriffe darunter, die man selbst notiert hat!

Tipp:
Das Spiel eignet sich sehr gut, wenn man bereits in der Stückentwicklung ist und der Gruppe nur Begriffe aus dem Stück erlaubt werden. Ein feines Abendvergnügen!

6 Aufführungen begleiten

Mit der Gruppe auf eine Präsentation hinzuarbeiten, setzt eine besondere Art von Energie in Gang, wegen der allein es sich schon lohnt, zum Abschluss ein geeignetes Format dafür zu entwickeln. Je nach Dauer der gemeinsamen Probenphase und der zur Verfügung stehenden Zeit für eine Stückentwicklung sollte die Gruppe und Spielleitung gut überlegen, was sie zeigen kann und möchte. Es hilft, vorab technische und räumliche Gegebenheiten sowie das mögliche Publikum geschickt zu sondieren, ohne die Beteiligten zu überfordern und doch das anspruchsvolle Ziel für einen ernsthaften Anreiz zu nutzen. In diesem Kapitel werden ein paar kleine Übungen vorgeschlagen, die dieser aufregenden, anstrengenden, aber durchaus beglückenden Phase einen pädagogischen und persönlichen Rahmen bieten können.

Motto-Motivation

#Gruppe #Präsenz #Stimme
Gruppengröße: alle · *Komplexität:* ☒☒☐
Anforderungen Raum/Ausstattung: Stifte, großes Papier oder mehrere Zettel

Die Gruppe wird aufgefordert, Kampfsprüche zu sammeln, die mit dem Stück oder der anstehenden Präsentation in Verbindung gebracht werden können, also z. B. »Alle an Bord!«, »Ho-ho-ho«, »Zicke zacke zicke zacke hoi hoi hoi«. Alle werden notiert und zur Abstimmung aufgehängt. Die Gruppe wählt einen aus und trainiert ihn, bis er im Chor zur Geltung kommt. Dieser Spruch wird dann gemeinsam, an den Enden der folgenden Proben, kurz vor Aufführung und auch danach, wenn sich das Ensemble nach dem Applaus hinter der Bühne trifft, angewendet.

Rückenreise

#Aufführung #Entspannung #Konzentration
Gruppengröße: alle · *Komplexität:* ⊠⊠⊠
Anforderungen Raum/Ausstattung: keine

Diese kleine Traumreise kann gut als Abschluss eines Aufwärmtrainings vor der Aufführung genutzt werden. Es geht um Beruhigung und ein Ankommen im Körper. Man beginnt mit geschlossenen Augen im Theaterstand. Die Spielleitung formuliert in ihren eigenen Worten eine Wahrnehmungsreise von den Füßen bis in den Rücken (siehe auch »Bodyscan«, S. 195). Der Fokus liegt dann aber im Folgenden auf dem Rücken. Die Spielleitung lenkt die Wahrnehmung darauf, wie der Rücken sich anfühlt – ob er warm oder kalt ist, wo die Kleidung aufliegt, ob es ziept und zwickt. Nun fokussiert man sich auf den Raum hinter dem Rücken und entwickelt eine Vorstellung davon, wie dieser aussieht. Dieser Raum wird nun immer weiter geöffnet, d. h. man stellt sich zunächst vor, wie er hinter der Wand des Raumes weitergehen wird, wie er außerhalb des Gebäudes weitergehen würde, wie er in dem Ort weitergehen würde, wie er im All weitergehen würde. Dann geht man Stück für Stück in Gedanken diesen Weg wieder zurück. Am Ende spürt man wieder den Raum hinter sich, dann den Rücken, die Muskeln im Rücken, den Atem, der den Rücken dehnt und formt und am Ende den eigenen Stand auf den Füßen und den ganzen Körper, der fest und stabil darauf steht. Dann werden die Augen geöffnet.

»Toi, toi, toi«-Premierengeschenk

#Gruppe
Gruppengröße: 1–30 · *Komplexität:* ☒☐☐
Anforderungen Raum/Ausstattung: Premieren-Geschenke, ggf. Textzitate aus dem Stück

Eine besondere Theatertradition ist das »Toi, toi, toi«. Im klassischen Sinn handelt es sich um ein kleines Geschenk, das Ensemblemitglieder sich untereinander am Tag der Premiere zur Wertschätzung, Motivation und als Glücksbringer zukommen lassen. Möchte man diese Tradition in die Gruppe bringen, lohnt es sich auf jeden Fall vorab zu besprechen, ob und wie man diese umsetzt, denn es ist eine unglückliche Situation, wenn »alte Hasen« etwas vorbereitet haben und die Neuen unvorbereitet sind und nichts erwidern können.

Sollte die Gruppe die Version »des kleinen Geschenks« wählen, gilt meist, dass diese etwas mit dem Stück zu tun haben sollte (z. B. mit dem Thema, einem wichtigen Zitat des Stücks, einem witzigen Verweis auf eine Figur, einem »Meme« der Gruppe, einem wichtigen Spielort, einem Requisit oder Kostümteil usw.). Wichtig: Dabei geht es nicht um teure Geschenke, sondern eher um einen kleinen persönlichen Gruß!

Als Spielleitung kann man auch einen kleinen Überraschungstisch in der Backstage gestalten, z. B. in Form von kalorienhaltiger Stärkung oder mit einem Briefchen für jedes Gruppenmitglied, auf dem ein paar persönliche Worte als »Motivation« verfasst sind.

Variante:
Entweder sollten hier alle ein Premierengeschenk dabeihaben oder die Spielleitung hat etwas für alle vorbereitet. Für jede Rolle sollte ein Zitat aus dem Text vorbereitet sein. Die Geschenke werden in ein Zitat verpackt (abgeschrieben oder ausgedruckt), so dass es gut lesbar ist. Jedes Gruppenmitglied nimmt sich ein zufällig ausgewähltes Geschenk und geht damit in den Kreis. Wenn alle stehen, liest die erste Person das Zitat auf dem Geschenk vor und versucht das damit adressierte Gruppenmitglied zu erkennen. Sobald dieses klar ist, wird das Geschenk persönlich überbracht und ein spontaner wohlwollender Wunsch für die Aufführung dazu mitgeäußert. So geht es reihum, bis alle ihr Geschenk in den Händen halten.

Toi, toi, toi wünschen

#Gruppe #Körper #Wahrnehmung
Gruppengröße: 2–30 · *Komplexität:* ☒☐☐
Anforderungen Raum/Ausstattung: keine

Auch das ist eine Theatertradition und der Zeitpunkt für diesen letzten Gruß ist nach dem letzten Warm-up und erst im Kostüm und mit Maske!

Am besten schließt sie an eine letzte Konzentrationsübung kurz vor Showtime an. Nach mittelalterlicher Tradition sitzt auf der rechten Schulter der Schutzengel und auf der linken Schulter der Teufel, den es nun zu vertreiben gilt. Man läuft dazu kreuz und quer durcheinander, findet sich zu zweit gegenüber, fasst sich gegenseitig sanft an den Schultern und spuckt sich »pantomimisch« gleichzeitig drei Mal über die linke Schulter (d. h. man spuckt nach rechts). Das wiederholt man so lange, bis sich alle Gruppenmitglieder gegenseitig gefunden haben.

So hat man bereits etwas zum Gelingen der Aufführung beigetragen.

Traumreise

#Aufführung #Entspannung #Konzentration
Gruppengröße: 1–30 · *Komplexität:* ☒☒☐
Anforderungen Raum/Ausstattung: keine

Hierzu stehen alle mit geschlossenen Augen im Theaterstand. Die Spielleitung formuliert eine Traumreise, die mit dem Spüren der Fußsohlen und des Bodenkontakts beginnt. Gedanklich führt die Reise dann durch die Aufführung hindurch, z. B. vom strahlenden ersten Betreten der Bühnenfläche, der ersten Begegnung, der ersten Äußerung auf der Bühne, der Angststelle, der Lieblingsstelle, dem Vorbeikommen am schwierigsten Stichwort, dem letzten Satz, der letzten Bewegung bis hin zum tosenden Applaus am Ende und schließlich dem Zurückkommen auf den Füßen und in der eigenen Präsenz und Größe im Körper.

Teil III

Einen guten Schluss gestalten

1 Zur Entspannung kommen

Als Spielleitung oder Person, die eine Theatereinheit plant, sollte man im Blick behalten, dass diese Form der Theaterarbeit aufgrund der Notwendigkeit von Körpereinsatz, Konzentration und dem ständigen Einlassen auf Neues insgesamt sehr fordernd ist. Wenn dann noch emotionaler Druck und Aufregung hinzukommen, tut es gut, einen Teil der Probenzeit ganz bewusst der Entspannung zu widmen. Manche Übungen fokussieren mehr die körperliche Entspannung, z. B. über Massage, andere führen die Gruppenmitglieder über eine meditative Auseinandersetzung mit dem Atem zu Entspannung und Ruhe.

1.1 Massage

Abtröpfeln

#Entspannung #Gruppe #Körper #Wahrnehmung
Gruppengröße: 1–30 · *Komplexität:* ☒☐☐
Anforderungen Raum/Ausstattung: keine

Hier bekommt jedes Gruppenmitglied eine kleine Massage, sofern es möchte. Dazu bewegen sich alle in langsamer Gangart im Raum. Wer stehen bleibt, bekommt von den anderen am Rücken, Schultern und Oberarmen mit den Fingerspitzen eine »Tröpfelmassage« für die ungefähre Dauer von 30 Sekunden verabreicht. Wenn die Person sich weiterbewegt, gehen alle wieder auseinander und die nächste Person kann zur Massage stehenbleiben.

Tennisball-Fußmassage

#Entspannung #Körper #Wahrnehmung
Gruppengröße: 1–30 · *Komplexität:* ☒☐☐
Anforderungen Raum/Ausstattung: Tennisbälle

Zunächst wird von allen der Theaterstand mit geschlossenen Augen eingenommen und die Spielleitung bittet darum, die Standposition am Boden zu fühlen, also die Auflagefläche der Füße am Boden. Auch die Anspannung der Waden, die Situation der Unterschenkel und Beine werden für einen Moment erspürt.

Die Augen werden wieder geöffnet und jedes Gruppenmitglied erhält einen Tennisball, den es vor sich legt. Mit dem rechten Fuß wird der Tennisball nun herangeholt und unter die Fußsohle gedrückt. Langsam kann man auf den Tennisball mehr Gewicht geben und ihn dann nach und nach unter der Fußsohle herumrollen, so dass sie gut massiert wird. Gezielt kann man auch die Seiten und die Ballen massieren. Nun erfolgt eine erneute Pause ohne Tennisball zum Nachspüren.

Dann wird die linke Seite massiert und auch hier nachgespürt.

Mögliche Nachbesprechung:

- Habt ihr einen Unterschied gespürt, nachdem ein Bein massiert war?
- Wie fühlen sich die Beine jetzt an im Vergleich zur Ausgangssituation?
- Hat sich eine neue Standposition am Boden ergeben oder eine Veränderung in der Gesamthaltung?

•• **Wettermassage**

#Entspannung #Gruppe #Körper #Wahrnehmung
Gruppengröße: 2–30 · *Komplexität:* ☒☐☐
Anforderungen Raum/Ausstattung: keine

Das ist eine schöne Tandemmassage, bei der beide Personen hintereinanderstehend beginnen. Die hintere Person massiert den Rücken anhand der folgenden Anleitung der Spielleitung. Sie beschreibt einen Wetterbericht:

Zunächst beginnt ein zarter Regen, es fallen viele kleine Regentropfen, der Regen wird stärker und entwickelt sich zu einem ordentlichen Landregen, der pausenlos prasselt.	*(Fingerspitzen tippen auf Nacken und Rücken)*
Nun fallen ein paar Hagelkörner aus den Wolken	*(Fäuste)*
und ganze Schneebälle kommen dazu, sie bedecken das Land.	*(hohle Hand)*
Die Wolken verziehen sich und die Hagelkörner lassen nach,	*(ruhigere Fäuste)*
die Sonne kommt durch die Wolken,	*(flache Hände drücken und schieben am ganzen Rücken)*
der Wind kommt auf	*(Hände streifen sanft über den Rücken)*
und pustet die letzten Wolkenreste weg.	*(sanftes Ausstreichen)*
Wechsel!	

Tipp:
Geht auch im Liegen. Dann ist es einfacher, wenn es zwei Personen gibt, die je links und rechts von der liegenden Person möglichst synchron massieren.

1.2 Meditatives und Beruhigendes

⁙ Armschaukel

#Entspannung #Gruppe #Körper #Wahrnehmung
Gruppengröße: 5–30 · *Komplexität:* ☒☐☐
Anforderungen Raum/Ausstattung: keine

Die Gruppenmitglieder stehen sich in zwei Reihen gegenüber, die Schulter an Schulter aufschließen. Die Hände der sich gegenüberstehenden Personen werden nun über Kreuz an den Handgelenken gefasst und bilden gemeinsam eine große Schaukel für eine weitere Person, die sich auf dem Rücken hineinlegen darf. Die Schaukel bewegt ihren Gast nun gemächlich von rechts nach links. Hier wird so lange durchgewechselt, bis alle in der Schaukel lagen.

Entspannungsreise durch den Körper / Bodyscan

#Atmung #Entspannung #Körper #Wahrnehmung
Gruppengröße: 1–30 · *Komplexität:* ☒☐☐
Anforderungen Raum/Ausstattung: Decke, Isomatte oder Teppichboden, eventuell Verdunklung

Diese Entspannungs- bzw. Achtsamkeitsübung kommt aus dem autogenen Training und kann im Sitzen, Liegen oder sogar im Stehen ausgeführt werden. Die Anleitung passt sich dementsprechend etwas an. Im Grunde geht es darum, die bewusste Aufmerksamkeit durch den Körper zu lenken und ihn zu erspüren. Empfindungen, die eventuell dabei auftauchen, dürfen bewusst wahrgenommen und akzeptiert werden, ohne dass sie bewertet werden.

Es ist schön, Decken, Isomatten oder sonstige weiche bzw. warme Auflageflächen zu nutzen, vielleicht kann der Raum etwas verdunkelt werden.

Eine mögliche Anleitung könnte die folgende sein. Die Spielleitung sollte lange Pausen zwischen den Ansagen machen, um der Aufmerksamkeit für die einzelnen Körperstellen Zeit zu geben.

Schließe deine Augen und atme tief ein und aus. Spüre in deine Haltung hinein und verändere sie minimal so, dass du gut einige Minuten verweilen kannst.

Richte nun deine Aufmerksamkeit auf die Stellen deines Körpers, die den Boden berühren. Spüre, wo sie in Kontakt zum Boden sind. Spüre, ob dein Körper an diesen Stellen warm oder kalt ist. Atme bewusst ein und aus. Lenke deine

Aufmerksamkeit nun in deine Füße und nimm sie wahr, die Fußsohle, die Ferse, den Fußrücken. Wenn du möchtest, atme in deiner Vorstellung in deine Füße hinein.

Wandere jetzt mit deiner Aufmerksamkeit zu den Unterschenkeln und Waden. Nimm wahr, wie sie sich anfühlen, lass deine Atmung hinein wandern …

So geht es jetzt durch den ganzen Körper bis zum Kopf. Zum Abschluss:

Nimm deinen Körper nun als Ganzes wahr. Nimm den Raum um deinen Körper wahr und den Körper im Raum. Nimm deinen Körper als ein Ganzes wahr, das sich mit deinem Atem füllt und leert. Spüre noch einmal hinein, wie sich dein Körper als Ganzes anfühlt.

Atme bewusst tief ein und aus und komme dann mit deinem Bewusstsein zurück in den Raum im Hier und Jetzt. Bewege zunächst die Finger, die Zehen, räkle und strecke dich, wo es dir guttut und öffne dann deine Augen.

Tipp:
Es gibt unter dem Titel »Bodyscan« auf verschiedenen Internetplattformen auch brauchbare Audioaufnahmen.

Gehmeditation (nach Thich Nhat Hanh)

#Atmung #Entspannung #Körper
Gruppengröße: 1–30 · *Komplexität:* ☒☐☐
Anforderungen Raum/Ausstattung: keine

Alle beginnen stehend im Raum verteilt, die Arme hängen, der Kopf ist am Scheitelpunkt aufrecht, das Kinn leicht zur

Kehle geneigt (im Prinzip im Theaterstand). Die Augen sind geöffnet, aber diffus auf einen Punkt entfernt in Richtung Boden gerichtet. Man verlagert das Gewicht nun langsam auf einen Fuß und hebt den anderen Fuß ganz langsam und bewusst an, um ihn nach vorne vor den anderen zu führen und am Boden abzusetzen. Das Gewicht wird auf diesen Fuß verlagert, so dass der hintere Fuß auf gleiche Art folgen kann.

Jeder Moment dieser Schrittbewegung wird so langsam ausgeführt, dass das Bewusstsein für den Vorgang entsteht, indem man z. B. den Fuß auf der Erde spürt, sich den Abrollvorgang bewusst macht, die Gewichtsverlagerung zur Kenntnis nimmt. So geht man in kleinen und langsamen Schritten ganz bei sich durch den Raum, nicht um vorwärtszukommen, sondern den nächsten Moment der Bewegung zu genießen.

Die Atmung soll dabei gleichmäßig und ruhig sein. Fortgeschrittene können nun versuchen, Ein- und Ausatmung in eine Verbindung zu den Schritten zu bringen, also z. B. während zwei Schritten einzuatmen und während der nächsten beiden auszuatmen. Wer hier weiterarbeiten möchte, kann versuchen die Ausatmung perspektivisch etwas länger dauern zu lassen als die Einatmung, also z. B. drei Schritte im Verhältnis zu zwei Schritten für die Einatmung.

Tipp:
Die Verbindung der Schritte und des Atems funktioniert besser ohne Musik. Das langsame und bewusste Gehen an sich kann aber auch mit Meditationsmusik eine schöne Übung sein, dann sollte der Fokus eventuell weniger auf

der angepassten Atmung liegen, sondern lediglich auf der gleichmäßigen Ausführung der Schritte und ihrer Wahrnehmung.

Wellenatmung

#Atmung #Entspannung #Körper
Gruppengröße: 1–30 · *Komplexität:* ☒☐☐
Anforderungen Raum/Ausstattung: Decke, Isomatte oder Teppichboden, eventuell Verdunklung

Für diese Atemübung ist es schön, Decken, Isomatten oder sonstige weiche bzw. warme Auflageflächen zu nutzen, vielleicht kann der Raum etwas verdunkelt werden. Man kommt dazu in Rückenlage und schließt die Augen. Die folgende Anleitung kann nun vorgelesen oder in eigenen Worten variiert werden.

Stelle dir vor, du liegst am Strand. Der Boden unter dir ist weich und warm. Dein Körper hat eine Mulde in den Sand geformt. Rücke dich darin noch ein wenig zurecht, so dass du bequem liegen kannst. Unter deinen Handflächen kannst du den Sand spüren. Lenke nun die Aufmerksamkeit in deine Körperrückseite und spüre nach, wo dein Körper den Sand berührt, wo du aufliegst. Spüre in deine Beine, deine Waden, die Fersen. Spüre nach, wo der Rücken aufliegt, die Schultern, die Arme, der Kopf. Nimm wahr, wie der Boden das Gewicht trägt.

Das Meer ist vor dir in der Richtung deiner Füße, konzentriere deine Vorstellung nun darauf. Vor dir hörst du die Wellen rauschen, sie schwappen in deine Richtung, ganz sanft. Stelle dir nun vor, wie du mit jeder Welle, die in Richtung deiner Füße ankommt, einatmest. Wenn die Welle sich zurückzieht, atme aus. Übernimm den Rhythmus der Wellen in deine Atmung. (2–3 Atemzüge Pause lassen)

Atme tief ein und aus.

Stelle dir nun vor, wie die Welle in deine Atmung übergeht. Wenn die Welle ankommt, fülle zunächst den Bauch mit dem Einatmen, dann die Brust. Lass die Luft auf diesem Wege wieder zurückweichen. Leere zunächst den Brustraum, dann den Bauchraum.

Nimm noch ein paar Atemzüge. Atme ein, Bauch-Brust, atme aus, Brust-Bauch. Versuche die Luft vollständig entweichen zu lassen. (ca. 10 Atemzüge Pause lassen)

Komme jetzt zurück in die Wahrnehmung deines ganzen Körpers. Spüre nochmal, wo dein Körper aufliegt. Sind es dieselben Stellen wie zuvor? Spüre den Boden unter deinen Händen, taste nochmal vorsichtig über den Sand. Vergrößere dann die Kuhle um dich herum, indem du langsam deine Zehen bewegst, die Beine, die Arme, den Kopf. Verabschiede dich jetzt von der Vorstellung des Strandes und räkle dich genüsslich. Komme dann im Raum an, öffne die Augen und erhebe dich ganz langsam zum Sitzen.

Tipp:
Durch diese Übung kombiniert man die Bauch- und Brustatmung, wodurch Zwerchfell und Zwischenrippen-Muskeln an der Atmung beteiligt werden. Das entspannt nicht nur, sondern bildet auch für die Stimmfunktion und Sprechstimme eine wichtige Grundlage.

2 Mit Ritualen abschließen

Nach der gemeinsamen Stunde ist es schön, ein Abschlussritual zu etablieren. Es kann ganz kurz sein, aber wichtig ist, dass alle nochmals zusammenkommen. Ein Ritual schafft Sicherheit, Vertrautheit und stellt ein klares Ende her. Die hier vorgeschlagenen Spiele eignen sich gut als regelmäßiges Ritual, sind aber auch als einmaliger Abschluss einer längeren Theatereinheit umsetzbar.

Blickduell

#Gruppe #Reaktion
Gruppengröße: 5–30 · *Komplexität:* ☒☒☐
Anforderungen Raum/Ausstattung: keine

Alle Gruppenmitglieder schauen auf den Boden. Die Spielleitung führt dafür das Kommando »Boden« ein. Dies bedeutet, dass alle Blicke auf den Boden gerichtet werden und sich die Teilnehmenden dabei in Stille überlegen, wen sie als nächstes anschauen wollen. Dann gibt die Spielleitung das Kommando »Hochschauen«, woraufhin alle ihre Köpfe gleichzeitig heben und den Blick auf die vorher ausgewählte Person richten. Treffen sich jetzt die Blicke zweier Personen, haben sie Pech gehabt, stürzen in einem dramatischen Theatertod nach hinten aus dem Kreis und verlassen damit die Runde. In weiteren Runden verkleinert sich der Kreis immer weiter, bis ein oder zwei Personen übrig bleiben.

Peng

#Reaktion #Stimme
Gruppengröße: 6–30 · *Komplexität:* ☒☒☐
Anforderungen Raum/Ausstattung: keine

Bei dieser Übung ruft die Spielleitung einen Namen, die aufgerufene Person duckt sich weg. Nun sind die beiden Personen rechts und links davon gefragt: Sie klatschen sich gezielt an und rufen »Peng!«. Wer schneller war, darf bleiben. Das langsamere Gruppenmitglied wird von allen verabschiedet, eventuell mit einem lauten »Ach wie schade, jammerjammerschade«. Wenn sich die aufgerufene Person nicht schnell genug wegduckt, muss auch sie das Spiel verlassen. So lange spielen, bis nur noch drei Personen übrig sind.

Schulterklopfen

#Entspannung #Gruppe
Gruppengröße: 5–30 · *Komplexität:* ☒☐☐
Anforderungen Raum/Ausstattung: keine

Alle gemeinsam auf Ansage der Spielleitung:

Streckt und reckt euch, gähnt herzlich. Führt nun eine Vierteldrehung nach rechts aus und klopft dort der Person auf die Schulter. Lobt sie in euren Worten für die heutige Arbeit (z. B. Hast du gut gemacht! Erhol dich! Weiter so!), dann dasselbe nach links. Legt nun eure Arme auf die Rücken der benachbarten Personen und wir führen eine gemeinsame Verbeugung in die Kreismitte aus.

Von dort löst sich der Kreis auf.

• Warme Dusche

#Gruppe
Gruppengröße: 3–30 · *Komplexität:* ☒☐☐
Anforderungen Raum/Ausstattung: Zettel mit Namen

Die Spielleitung bereitet Zettel mit den Namen aller Gruppenmitglieder vor, ein Zettel wird gezogen. Diese Person stellt sich auf die Bühne oder in die Kreismitte und bekommt von den Einzelnen der Gruppe nacheinander etwas Schönes (z. B. ein Lob) gesagt wie »Ich finde es toll, dass du in der Theatergruppe bist, weil …« oder »Mir hat gefallen, dass du diese Woche …«. Falls diese »Dusche« als Ritual genutzt wird, kann man es jeweils bei einem Zettel belassen. Bei einer einmaligen Umsetzung wird so lange weitergezogen, bis alle geduscht haben. Dafür maximal drei Lobe pro Person festlegen.

Variante:
Das geht auch sehr gut schriftlich als eine Art Brief, der herumwandert und in dem jede Person einen Satz ergänzt. Auf den Papieren sollte vorab ein Name stehen, die Zettelziehung fällt weg. Achtung, dauert deutlich länger als die erste Version.

Zuletzt und tschüss

#Stimme #Gruppe
Gruppengröße: 5–30 · *Komplexität:* ☒☐☐
Anforderungen Raum/Ausstattung: keine

Dazu kommen alle Gruppenmitglieder eng im Kreis zusammen. Die Spielleitung zählt laut »Drei, zwei, eins, zuletzt« worauf alle mit einem langgezogenen »UND« antworten und gleichzeitig eine Hand in die Kreismitte strecken. Mit einem schnellen gemeinsamen »TSCHÜSS« werden alle Arme nach oben geworfen und der Kreis löst sich auf.

3 Reflexion ermöglichen

Dieses Kapitel widmet sich der wunderbaren Möglichkeit, während des Probenprozesses Rückmeldungen zur Weiterentwicklung der gemeinsamen Arbeit einzuholen. Es hilft gegebenenfalls Unmut, Probleme oder Zweifel aufzudecken und abzugleichen oder auch Euphorie und Zufriedenheit gebührend zu artikulieren. Auch während der Aufführungen, sofern es mehrere gibt, kann hier noch einiges an Feinschliff geleistet oder es können Pannen aufgefangen werden. Nach den Aufführungen ist es besonders wichtig, diesen Raum einzuräumen, vor allem wenn längere Probeneinheiten zu Ende gehen. Die Theaterarbeit schafft Nähe und Vertrauen und die meisten versierten Theatermenschen kennen das Loch, das entsteht, wenn eine Produktion »über die Bühne gegangen ist«. Nicht nur das gilt es emotional aufzufangen. Es ist auch etwas ganz Besonderes, die gemeinsam erlebten Momente nochmals zu feiern oder Erinnerungen zu sammeln und zu festigen, z. B. wichtig sind hier: *Magic Moments*, die lustigsten Pannen, die Sätze, die man vermissen wird, Rückmeldungen des Publikums usw.

Alles anders? Wünsch dir was!

#Reflexion
Gruppengröße: 1–30 · *Komplexität:* ☒☐☐
Anforderungen Raum/Ausstattung: keine

Alle Gruppenmitglieder beantworten reihum die Fragen: Was hat dir heute / in dieser Probeneinheit besonders gut gefallen? Was würdest du dir für die nächste Probe oder die kommende Probeneinheit wünschen? (Als Feedback für eine Spielleitung könnte auch die Frage hilfreich sein: »Wenn die Probe genauso z. B. in einem Jahr nochmal stattfinden würde, was sollte anders laufen?«) Bei großen Gruppen kann man die Aufforderung einführen, nur noch zu ergänzen.

Tipp:
Als Spielleitung keine Angst haben vor Kritik, es gibt immer etwas »besser zu machen«. Aber man bekommt dazu selten konkrete Rückmeldung und die ermöglicht eine andere Perspektive, daher: Her damit!

• Fotoalbum

#Gruppe #Reflexion
Gruppengröße: 5–30 · *Komplexität:* ☒☒☒
Anforderungen Raum/Ausstattung: keine

Alle Gruppenmitglieder sitzen im Zuschauerraum vor der leeren Spielfläche. Die Aufgabe ist es, mit Standbildern die wichtigsten Momente für das imaginäre Fotoalbum abzubilden. Auf Zuruf der Gruppe werden spontan die entsprechenden Standbilder aus den gewünschten Szenen gebaut. Die Person, die sich dieses Bild gewünscht hat, wartet drei Sekunden ab und sagt laut »KLICK«. Das Standbild löst sich auf und alle Mitwirkenden gehen zurück in den Zuschauerraum.

»Mein Moment«-Reflexion

#Entspannung #Reflexion
Gruppengröße: 1–30 · *Komplexität:* ☒☒☐
Anforderungen Raum/Ausstattung: Musik, Requisiten/ Materialien aus der Probenphase verteilt im Raum

Zu ruhiger Musik gehen alle Gruppenmitglieder über die Spielfläche und denken nochmal über die vergangene Probenphase nach. An dem Ort im Raum, an dem sie einen intensiven Moment erlebt oder gesehen haben, bleiben sie stehen und nehmen zum Ende der Musik eine Körperhaltung im Freeze ein, die diesen Moment für sie verkörpert oder darstellt. Die Spielleitung tippt die einzelnen Mitglieder nacheinander an und sie können ihre Gedanken äußern, die Bewegung ausführen oder mit einem Wort oder Laut vervollständigen.

Hilfreich kann für diese Übung sein, die in der Probenphase verwendeten Requisiten, Kostümteile oder Materialien auf dem Boden verteilt auszulegen, so dass dadurch eine visuelle Anregung für die Reflexion geschaffen wird.

Papierkorb-Reflexion

#Gruppe #Reflexion
Gruppengröße: 1–20 · *Komplexität:* ☒☒☐
Anforderungen Raum/Ausstattung: Zettel, Stifte, leerer Papierkorb/Eimer/Hut …

Jedes Gruppenmitglied benötigt einen Zettel und einen Stift. Die Spielleitung formuliert eine Frage, die zur Auseinandersetzung mit der Probeneinheit oder der abgeschlossenen Probenphase führt. Die Gruppenmitglieder haben eine Minute Zeit, eine Antwort zu formulieren, danach wird das Papier zusammengeknüllt und in einen leeren Papierkorb (Eimer, Hut …) in der Mitte des Kreises geworfen. Die Spielleitung schüttelt alle durch und jedes Gruppenmitglied fischt sich einen zerknüllten Zettel heraus. Alle werden reihum für die anderen vorgelesen. So entsteht ein Stimmungsbild, das auch den Ausgangspunkt einer weiteren Diskussion bilden kann.

Literaturhinweise

Hentschel, Ingrid: Imagination und Theater. Die Schauspielmethode von Michael Tschechow. Berlin: Alexander, 2022.

Johnstone, Keith: Improvisation und Theater. Berlin: Alexander, [10]2010.

Kattenbelt, Chiel: Intermediality in Theatre and Performance: Definitions, Perceptions and Medial Relationships. In: Cultura, Lenguaje y Representación / Culture, Language and Representation 6 (2008) S. 19–29. https://core.ac.uk/download/pdf/39085592.pdf (Stand: 12. 6. 2024).

Stanislawski, Konstantin S.: Die Arbeit des Schauspielers an der Rolle. Fragmente eines Buches. Berlin: Henschel, 1955.

Zur Autorin

Anja Abele ist Gymnasiallehrerin für Bildende Kunst und Intermediales Gestalten. Seit ihrem Referendariat bildete sie sich fortwährend in Tanz- und Theaterpädagogik weiter und leitet an ihrer Schule seit 2013 eine Theater-AG für die Mittel- und Oberstufe sowie weitere theaterpädagogische Angebote. Über die Gründung eines schulinternen Kunstprofils »Intermediale Kommunikation« (Kimko) bringt sie u. a. Tanz und Theater als Schwerpunkte in die Sekundarstufe und gibt als Theatermultiplikatorin der Regionalstelle Stuttgart Fortbildungen für Lehrkräfte im Bereich Theater in Baden-Württemberg. Parallel ist sie seit ihrem Studium an der Kunstakademie Stuttgart als Videokünstlerin und Performerin in verschiedenen Produktionen mit intermedialem Schwerpunkt tätig. Privat durchläuft sie gerade eine Ausbildung zur Yogalehrerin.

Dank

An dieser Stelle muss zuallererst meine Kollegin Kerstin Sonnenwald genannt werden, ohne die die Idee zu diesem Buch nicht aufgekommen wäre. Sie war mir nicht nur kritische Gegenleserin, sondern hat durch ihre Mitarbeit an diesem Buch viele Ergänzungen aus ihrem Fachwissen als Lehrerin des Faches »Literatur und Theater«, als Leiterin von Theater-AGs und Ausbilderin für theaterpädagogische Zusatzausbildungen an einem gymnasialen Seminar für Aus- und Fortbildung eingebracht. Ich bin ihr sehr dankbar für unseren Austausch, durch den u. a. zahlreiche der hier aufgeführten Übungsvarianten zustande kamen, und für die Zusammenarbeit, die wie in bisherigen gemeinsamen Projekten immer sehr bereichernd war und ist.

Ein herzlicher Dank geht auch an Eva-Maria Abele, Sandra Daul, Cornelius Danneberg und Ralf Schilling für ihre Beratung und konkreten Rückmeldungen.

Nicht weniger wichtig waren zahlreiche impulsgebende Menschen, bei denen ich selbst Workshops oder Ausbildungen besuchen durfte und die meine Herangehensweise an das »Theater-Spielen« von vielerlei Seiten her maßgeblich mitgeprägt haben. Nennen möchte ich hier Joachim Fleischer, Kathrin Heuer, Christopher Mischke, Andrew Morrish, Manuela Ries, Ingeborg Schneiberg, Lisa Thomas, Marcus Violette und das JES Stuttgart mit seinem theaterpädagogischen Team.

Verzeichnis der Spiele und Übungen

Teil 1: Miteinander anfangen

Teil II: Den gemeinsamen Prozess vertiefen

Teil III: Einen guten Schluss gestalten